BIENVENUE EN ISLANDE !

Cascade de Selfoss dans Jökulsárgljúfur.

S'envoler pour l'Islande, un pays définitivement envoûtant, garantit un dépaysement permanent, des émotions jusqu'alors inconnues, l'impression de devenir soudain un privilégié, quelqu'un qui a vu, qui a vécu dans des contrées qui ne ressemblent à aucunes autres. Ici, tous les éléments s'accordent ou s'affrontent pour créer d'incroyables tableaux, des paysages uniques, variés et inattendus, ressentis comme quasi extraterrestres. À chaque virage, une surprise vous attend. Et même si vous tournez en rond, jamais vous n'aurez l'impression de revenir sur vos pas. Ici, le temps change toutes les cinq minutes – les ciels multiplient les effets spéciaux : nuages incroyables, lumières inattendues, arcs-en-ciel qui se croisent ou se superposent, aurores boréales. L'Islande est aussi une terre jeune et en mouvement – dans tous les sens du terme. Il n'est pas ici nécessaire d'être expert en géomorphologie pour admirer les forces qui animent l'écorce terrestre (la plus jeune du globe) presque en direct. Jeune, la population islandaise est aussi en mouvement, ce qui se traduit par une formidable énergie créatrice et festive... Un simple vendredi soir passé à Reykjavík suffira à vous convaincre. Certes, l'idée de passer l'été (sans parler de l'hiver) aux abords du cercle polaire peut en rebuter quelques-uns... Mais en Islande, les 15 °C n'ont pas la même valeur qu'ailleurs. C'est une température idéale, ni trop chaude ni trop froide. Une température qui rend les gens heureux.

Survol de Reykjavík.

SOMMAIRE

DÉCOUVERTE

VISITE

PENSE FUTÉ

DÉTROIT DU DANEMARK
Bolungarvík
Suðureyri
Ísafjörður
Flateyri
925 m
Drangajökull
Þingeyri
VESTFIRÐIR
Tálknafjörður
Patreksfjörður
Hólmavík
HÚNAFLÓI
Skagafjörður
Skagaströnd
Sauðárkrókur
Blönduós
Hvammstangi
BREIÐA-
FJÖRÐUR
Stykkishólmur
Hvammsfjörður
Blöndulón
NORÐURLAND VESTRA
Ólafsvík
Snæfellsnes
1 446 m
Arnarvatnsheiði
VESTURLAND
1 672 m
1 355 m
1 477 m
Hvítárvatn
LANGJÖKULL
FAXAFLÓI
Borgarnes
AKRANES
REYKJANES
SUÐURLAND
Hofsvík
Mosfellsbær
REYKJAVÍK
Þingvallavatn
HAFNARFJÖRÐUR
KÓPAVOGUR
Sandgerði
Keflavík
Hveragerði
REYKJANES
Selfoss
Grindavík
Þorlákshöfn
Eyrarbakki
MÝRDALS-
JÖKULL
1 666 m
1 450 m
OCÉAN
ATLANTIQUE
Vestmannaeyjar
Heimaey
Vik i Mýrdal
Surtsey
Groenland
ISLANDE
OCÉAN
ATLANTIQUE
Norvège
Suède
Danemark
Royaume-Uni
Irlande
Pays-Bas
Allemagne
France
Espagne

Islande

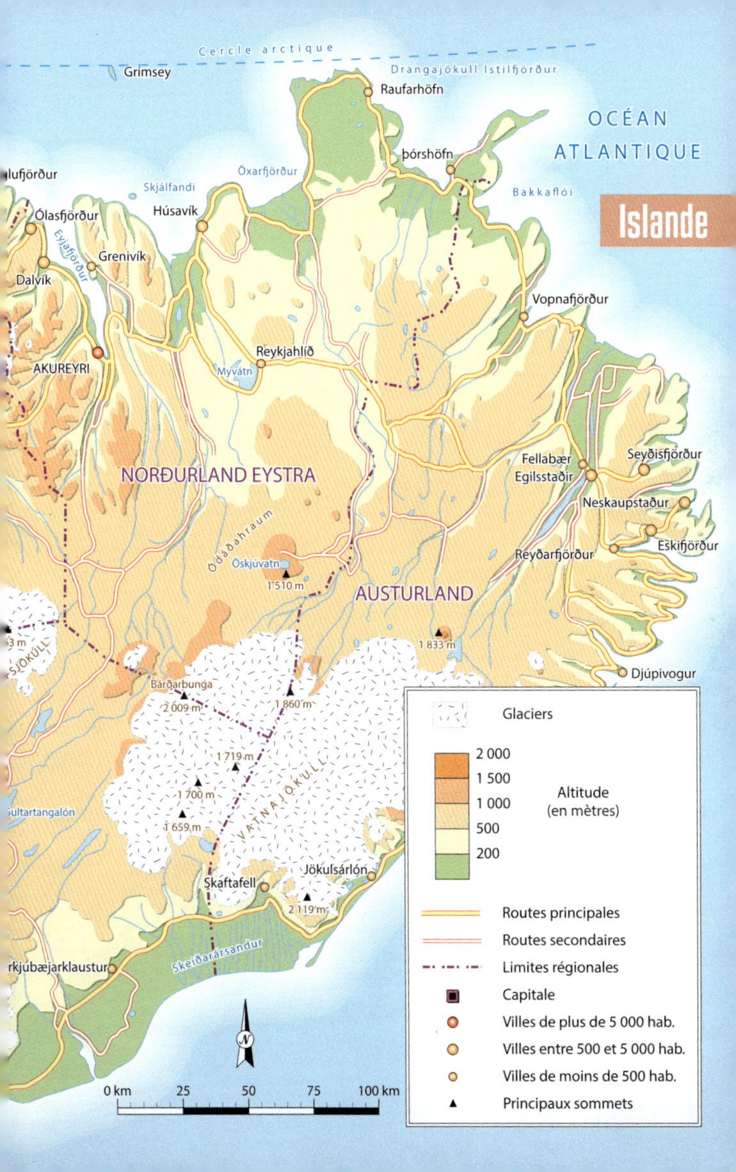

Cercle arctique
Grímsey
Drangajökull Istilfjörður
Raufarhöfn
OCÉAN ATLANTIQUE
Þórshöfn
Bakkaflói
Öxarfjörður
Skjálfandi
Húsavík
Ólasfjörður
Eyjafjörður
Grenivík
Dalvík
AKUREYRI
Reykjahlíð
Mývatn
Vopnafjörður
Fellabær
Egilsstaðir
Seyðisfjörður
Neskaupstaður
Eskifjörður
Reyðarfjörður
NORÐURLAND EYSTRA
Ódáðahraun
Öskjuvatn
1 510 m
AUSTURLAND
1 833 m
Djúpivogur
Bárðarbunga
2 009 m
1 860 m
1 719 m
1 700 m
1 659 m
VATNAJÖKULL
Jökulsárlón
Skaftafell
2 119 m
Skeiðarársandur
Sultartangalón
0 km
25
50
75
100 km
Glaciers
Altitude (en mètres)
2 000
1 500
1 000
500
200
Routes principales
Routes secondaires
Limites régionales
Capitale
Villes de plus de 5 000 hab.
Villes entre 500 et 5 000 hab.
Villes de moins de 500 hab.
Principaux sommets

Vue aérienne d'un cratère volcanique dans le Landmannalaugar.

DÉCOUVERTE

Les Islandais adoptent toutefois le christianisme de manière pacifique. Il s'ensuit la création de deux évêchés, l'un en 1056 à Skálholt et l'autre en 1066 à Hólar, qui deviennent de véritables lieux culturels pour tout le territoire. L'arrivée du christianisme offre en outre aux esclaves leur liberté vers l'an 1100.

L'Islande norvégienne

La période la plus brillante de l'Islande s'éteint progressivement. Au XIIIe siècle, la période de paix de 200 ans cesse. L'époque des Sturlungur se caractérise par de nombreuses batailles, actes de trahison et instabilité politique. Pour stopper le chaos, le roi de Norvège est accepté comme souverain. L'Islande signe le « vieux pacte » et perd son indépendance. L'ancienne loi est remplacée, les droits des chefs de clan sont abolis, des comtés sont créés, et les dirigeants sont désignés par le roi. Pendant ce temps, le volcan Hekla entre en éruption en 1300 et 1341. Des milliers d'habitants meurent, le territoire est détruit et des épidémies naissent, comme la peste noire en provenance de Norvège provoquant l'arrêt immédiat du commerce avec l'Islande en 1349.

L'Islande danoise

En 1380, l'Islande devient danoise. Seulement le déclin du pays ne cesse de s'aggraver. Neuf ans plus tard, une nouvelle éruption du volcan Hekla surgit, détruisant la faune et la flore et coûtant cher en pertes humaines, ainsi qu'une épidémie de peste noire de 1402 à 1404 décimant près des deux tiers des habitants. Devant la concurrence de l'Islande dans le secteur de la pêche, le Danemark accentue la récession économique et l'isolement de l'île. Et l'histoire se répète : variole de 1707 à 1709, le flot de lave de l'éruption de Lakagígar en 1783, disparition du bétail, famine. Au début du XVIIe siècle, l'Alþing, assemblée la plus vieille du monde, perd tout pouvoir et est abolie en 1801, avant de réapparaître en 1845 comme chambre consultative. Lorsqu'en 1814 la Norvège devient indépendante, l'Islande reste attachée au Danemark, dans l'espoir de retrouver une indépendance depuis longtemps perdue.

Vers l'Indépendance

Le XIXe siècle fait renaître le sentiment national en Islande. Jón Sigurðsson représente un des leaders du mouvement indépendantiste. En 1874, le pays fête le millénaire du peuplement de l'île. À cette occasion, le futur hymne national (*Ô Dieu de notre patrie !* adopté en 1944) est composé. Mais en raison des catastrophes qui ont dévasté l'île et de la situation économique précaire, une grande partie de la population s'exile, au Canada et aux États-Unis, entre 1880 et 1914.

L'Islande obtient pourtant un statut d'autonomie en 1904. Cette indépendance partielle reconnaît toujours la monarchie danoise. Après s'être fait relier au reste du monde, notamment à l'Écosse par un câble téléphonique, l'Islande accorde aux femmes le droit de vote en 1908. Ce pays montre ainsi un premier exemple mondial d'égalité des sexes. En 1918, l'Islande devient un État souverain, en étroite union avec le Danemark. L'invasion allemande du Danemark en 1940 fait avancer l'indépendance islandaise.

L'Islande indépendante

En 1944, un vote a lieu pour déterminer si les Islandais désirent rester liés au Danemark. La majorité refuse, l'indépendance est déclarée le 17 juin. Le pays se tourne vers l'extérieur. Il adhère à l'ONU en 1946, puis devient membre fondateur de l'OTAN en 1949. L'Amérique voit en l'Islande une réelle position stratégique.

En 1958, l'Islande connaît une crise grave avec l'Angleterre, la « guerre de la morue », en raison des limites de ses eaux territoriales passées de 3 à 12 miles. Le conflit cesse en 1961 après un accord sur de nouvelles frontières, mais reprend en 1972 suite à une extension des zones de pêche exclusive à 50 miles. Un nouvel accord survient en octobre de l'année suivante, les Anglais devant réaliser quelques concessions. 1973 se caractérise par l'éruption du volcan Helgafell, mais aussi par une révision du pacte de défense américain de 1951, notamment en ce qui concerne la présence des troupes américaines sur l'île.

Ceux qui croyaient la « guerre de la morue » terminée se sont trompés. L'extension des limites des eaux territoriales à 200 miles en 1975 entraîne un nouveau conflit entre Islande et Grande-Bretagne, déclenchant la quinzième « guerre de la morue » depuis le XVe siècle, finalement gagnée par l'Islande.

En 1980, l'égalité homme-femme propre à l'Islande apparaît aux yeux de la communauté internationale. Vigdis Finnbogadóttir est élue première femme au monde président de la République et réélue jusqu'en 1996. Les années 1990 et le début du nouveau millénaire restent sujets à des phénomènes naturels de grande ampleur.

Ingólfur Arnarson.

L'Islande aujourd'hui

L'année 2006 marque la fin de la présence de l'armée américaine sur le sol islandais, présence objet de tous les débats depuis des décennies. Cela indique la « fin définitive » de la guerre froide. Bien que souhaité par bien des habitants, ce retrait n'a pas enchanté tout le monde. En effet, de nombreux emplois directs et indirects ont disparu et la base militaire de Keflavik, désormais vidée de ses marines, devient peu à peu un simple et un peu triste lotissement géant sur les collines qui entourent la ville. L'Islande en plein rêve économique n'a pas trop souffert de ce départ, n'a pas créé d'armée non plus. La crise de 2008 a fait beaucoup plus de dégâts.

L'économie, en grande partie virtuelle, a montré ses limites quand les bourses du monde entier sont devenues folles et que la bulle spéculative a explosé. Le pays qui connaissait le plein emploi a compté tout à coup 7 000 chômeurs – dont beaucoup de travailleurs immigrés appelés en grand nombre ces dernières années pour accompagner le développement du pays. Mais le pays ne s'est pas laissé abattre. Nationalisation des banques, refus de payer la dette à la Grande-Bretagne et aux Pays-Bas, inflation de la monnaie, tout est fait pour garder le pays à flot. Le résultat est assez spectaculaire et dès 2011 le pays retrouve des chiffres positifs et un taux de chômage de nouveau à la baisse. En 2013, la croissance est de 2,8 % contre 1,5 % en 2012 tandis que le chômage est de 5,4 % contre 6 % en 2012. En bref, l'économie islandaise a entamé une nouvelle phase de croissance et dispose de certaines ressources non négligeables dont la pêche, l'énergie renouvelable, le tourisme en plein boom, une main-d'œuvre bien formée ou encore le développement de nouvelles filières (TIC, data centers, silicium). Le pays demeure toutefois encore dans une position de dépendance des exportations (58 % du PIB) et de la zone Euro. Son rapprochement avec l'UE et sa monnaie forte, quitte à céder un peu de terrain sur la question des quotas de pêche, est toujours incertain, surtout dans un climat où l'Europe est menacée d'implosion à tout moment. Si le pays a officiellement déposé sa candidature en 2009 et ouvert des négociations, en 2014 une pétition réclamant le retrait de la candidature d'adhésion a dépassé les 53 000 signatures. Alors qu'une majorité d'Islandais demeure opposés à l'entrée dans l'UE, environ 60 % des électeurs souhaitent que les négociations soient poursuivies.

En 2017, le gouvernement dirigé par Bjarni Benediktsson implose après le retrait du parti Avenir Radieux, membre de la coalition gouvernementale, et suite à un scandale éclaboussant le Premier ministre. Les élections parlementaires anticipées voient la victoire, sans majorité absolue, du Parti de l'indépendance. Suite à des négociations tripartites, un gouvernement de coalition, dirigé par Katrín Jakobsdóttir (Parti écologique), est établi.

En 2018, le pays se fait remarquer sur le terrain de l'égalité salariale. Ainsi, un texte de loi est publié au 1er janvier, obligeant les entreprises de plus de 25 salariés à payer au même salaire un homme et une femme exerçant le même poste avec le même niveau de productivité. Il appartient désormais à l'entreprise de justifier que l'écart salarial n'est pas justifié par la différence de genre.

En avril 2020, pour faire face au coronavirus, l'Islande organise un dépistage massif de sa population. Grâce à un suivi rigoureux et des mesures de quarantaine strictes, le pays se fait remarquer par sa gestion unique de l'épidémie. Cependant, elle subit aussi une baisse importante du tourisme et de ses revenus.

En mars 2021, le volcan Fagradalsfjall, dans la péninsule de Reykjanes, entre en éruption. Une éruption de plus de 6 mois qui fut la plus longue en Islande depuis plus de 50 ans.

POPULATION

Démographie

Devant les nombreux espaces inhabitables (déserts de l'intérieur du pays), la densité reste très faible, de l'ordre de 3,4 habitants par km² (2021). À titre de comparaison, la France connaît une concentration d'environ 115 habitants par km². La population islandaise présente un caractère très jeune à l'échelle européenne : 13 % de la population a moins de 25 ans (2021). Cette jeunesse de la population apparaît de manière flagrante : omniprésence des enfants, adolescents et jeunes adultes dans les rues, énergie impressionnante que l'on ressent à Reykjavík. La majorité des jeunes tentent de quitter les campagnes pour connaître une vie citadine, et l'impact de cet exode influe sur le mode de vie. L'effusion nocturne qui caractérise la capitale est en effet due à cette jeunesse venue vivre ici en grand nombre. Tandis que près des 3/5 de la population réside à Reykjavík et dans ses environs, le pays subit un exode rural massif. Les jeunes délaissent en effet les campagnes. Un sujet préoccupant pour un pays également régi par l'activité des nombreuses fermes qui le couvrent. Les inégalités sociales sont tout de même très rares. Les étrangers résidant en Islande sont pour le moment assez peu nombreux. Mais le besoin en main-d'œuvre et l'ouverture sur le monde avaient commencé à changer la donne avant que ne survienne la crise. Les Polonais notamment, qui forment désormais une minorité non négligeable.

Langues

L'islandais (*íslenska*) est connu pour être une des langues les plus difficiles au monde, en raison surtout de sa grammaire aux déclinaisons complexes. Pour preuve, le linguiste de génie Daniel Tammet, surdoué souffrant du syndrome d'Asperger, eut pour défi presque impossible, dans le cadre d'une expérience diffusée dans un documentaire, d'apprendre cette langue réputée compliquée dans un délai très court. Fait incroyable, grâce à ses capacités exceptionnelles de calcul et de mémorisation, il y parvient en 7 jours ! Cette langue germanique s'apparente au danois et au suédois mais puise surtout ses origines dans le vieux norrois, la langue ancienne de la Scandinavie. L'isolement du pays, doublé d'une importante tradition écrite (contrairement aux autres langues du Nord qui sont longtemps restées des dialectes), ont pour conséquence une conservation unique de la langue originelle dans sa version orale et écrite. L'islandais présente donc peu de variantes régionales et la langue diffère très peu de celle parlée au Moyen Âge. Ainsi, un écolier islandais est-il capable de lire assez aisément les sagas du XIIIe siècle ! Afin de s'adapter aux évolutions du vocabulaire sans perdre au passage la pureté de la langue, des terminologues sont chargés de créer de nouveaux mots ou, inversement, de remettre au goût du jour d'anciens mots tombés en désuétude.

À noter que l'alphabet latin, imposé par l'Église catholique, a remplacé l'écriture runique dont seulement deux signes subsistent aujourd'hui : le « ð » et le « þ » qui correspondent tous deux au « th » anglais. L'anglais, par ailleurs, dont l'enseignement à l'école est obligatoire depuis 1946, et le danois, langue historique de l'administration, sont presque systématiquement parlés ou compris en Islande. C'est en danois que certains écrivains islandais, comme Gunnar Gunnarsson, ont d'ailleurs choisi d'écrire.

Mode de vie

Mœurs

L'Islande se caractérise parfois par des mœurs assez anciennes, que ce soit dans ses idéaux, son goût des arts, sa littérature, et aussi sa langue. En matière de sexualité, quelques lieux coquins ont cependant fait leur apparition en plein cœur de la capitale, laissant dévoiler un changement de mentalité progressif au niveau des habitants de la ville. Les associations de planification familiale font de larges efforts dans ce sens, notamment par un décret qui reconnaît la vie sexuelle des jeunes et fournit des services aux adolescents. Grâce à ces efforts, l'Islande a réussi à obtenir un taux de grossesse parmi les plus bas du monde chez les adolescentes, un taux peu élevé de contamination au VIH, ainsi qu'une forte baisse des avortements. En marge du mariage en Islande, le Parlement a adopté une loi le 4 juin 1996, entrée en vigueur le 27 juin suivant, qui permet à deux personnes de même sexe de faire enregistrer leur union. Pour le reste, notamment en matière d'union de couple hétérosexuel hors mariage, la loi se calque en grande partie sur la loi danoise. Deux personnes de sexe différent qui font enregistrer leur union par ce biais peuvent dès lors partager l'autorité parentale.

Eglise luthérienne Hallgrímskirkja.

Caractère et identité

Le caractère national islandais s'est imposé tout au long de l'histoire du pays, notamment avant l'indépendance proclamée en 1944. Les Islandais voulaient en effet se détacher de la couronne du Danemark pour créer une nation indépendante. Cet esprit d'indépendance, de liberté s'est également retrouvé aux XIIIe et XIVe siècles alors que l'Islande était devenue norvégienne. Alors que l'agriculture concerne moins de 10 % de la population, il semblerait que certaines idées préconçues sur l'Islande restent fausses, notamment celle qui voit en eux des personnages complètement dépassés du point de vue de la technologie. C'est tout le contraire ! Tous les habitants sont très au fait des nouvelles technologies, que la jeune population locale s'approprie immédiatement et qui permettent aux personnes vivant dans les

Croyances

Même si les Islandais n'aiment pas être réduits par les étrangers à des amoureux des elfes, trolls, gnomes et sorcières, il reste de nombreuses croyances prises au sérieux par la population locale qui donne une histoire à telle ou telle pierre. Dans la mythologie islandaise, Odin était le roi des dieux. Sa femme, la reine du Ciel, se surnommait Freyja. Þór représentait, quant à lui, le dieu de la Force et de la Fertilité, mais aussi du Ciel et du Tonnerre, tandis qu'Ægir n'était autre que le dieu de la Mer et Loki « le Trickster », le compagnon des dieux. Il existe de nombreuses histoires concernant ces personnages. Également, on dit que treize pères Noël débarquent du haut de la montagne pour les contrées habitées. Ils ne disposent pas de la meilleure réputation... Faldafeykir signifie « souffleur de jupes », Pottasleikir « lécheur de casseroles », etc. Les parents de ces pères Noël, des trolls, n'ont rien pour séduire : Grýla, leur mère, cuisine à la casserole les enfants turbulents.

zones les plus reculées de rester connectées avec le monde. Fait paradoxal, les Islandais restent très ancrés dans leurs traditions, leur histoire. Le caractère et l'identité du pays se résument donc en une simple expression : un mélange de modernisme et de traditions.

Religion

Les Islandais sont très croyants, aussi bien adeptes d'un dieu que de multiples traditions païennes qui donnent leur appellation à bon nombre de lieux. La religion luthérienne a réellement pris son ampleur en 1551 alors que le roi du Danemark, Christian III, l'imposa à tout le peuple islandais, converti au christianisme depuis la session de l'an mille de l'Alþing.
Mais cette décision ne fit qu'accroître les combats entre clans rivaux qui prenaient place à l'époque. En effet, le catholicisme avait alors pris une grande importance au sein du pays. Les Islandais s'y étaient convertis sans aucune réelle difficulté. L'exécution, en 1550, du dernier évêque catholique, Jon Arason, mena cette religion vers une fin abrupte. Peu après l'officialisation du luthéranisme, les Danois se sont assurés de la longévité de leur religion en menaçant de déporter toute personne qui aurait voulu revenir au catholicisme. De nos jours, une autre religion reprend vie au cœur de l'Islande, Ásatrú, ancienne religion norroise. Il s'agit d'une secte reconnue officiellement et qui a gagné de l'importance grâce aux efforts d'un fermier islandais en 1970. La religion reste toutefois étroitement liée à l'État. Aujourd'hui encore, les écoles élémentaires sont obligées d'enseigner les bases éthiques du christianisme. Il existe toutefois des exceptions pour les écoliers non chrétiens, pouvant alors se voir dispensés de ces cours par respect pour leurs convictions. La population s'affiche à 60 % en faveur d'une séparation des deux entités que forment l'État et l'Église.

Artisanat

L'artisanat prend une place de plus en plus importante en Islande. À Reykjavík, Akureyri et dans de plus petites agglomérations, les boutiques de souvenirs abondent et proposent aux visiteurs des objets faits main à la qualité indéniable. Les Islandais connaissent bien les atouts de leurs produits et il n'est pas rare de trouver certains d'eux avec l'estampille « qualité islandaise ». Parmi les principales formes d'artisanat se trouvent le travail de la laine, la céramique, ainsi que la création de bijoux...

Cinéma

Il faut attendre un certain temps pour que le monde s'intéresse au cinéma islandais, et notamment le succès du film *Les Enfants de la nature*, Oscar du meilleur film en langue étrangère en 1991 et réalisé par Friðrik Þór Friðriksson. Il met aussi en scène *Cold Fever* (1995), l'histoire d'un Japonais qui traverse l'Islande pour rendre hommage à ses parents, morts dans un accident d'automobile sur l'île. *The Icelandic Dream*, sorti en 2000 et réalisé par Róbert Ingi Douglas, a reçu quatre EDDA Awards, l'équivalent des Césars en Islande. Du même cinéaste, la comédie remarquable et remarquée *Esprit d'équipe*, sorti en 2006, relate les déboires d'une équipe de football amateur et gay.Baltasar Kormakur est une autre figure importante du cinéma islandais. Il réalise notamment *Reykjavík 101* en 2001, adaptation d'un roman islandais qui dresse le portrait acide d'une jeune dans la capitale.
Le film islandais le plus réussi de ces dernières années est sans nul doute *Woman at War* (2018), de la réalisatrice Benedikt Erlingsson. La croisade d'une femme, magistralement interprétée par Halldóra Geirharðsdóttir, contre l'industrie islandaise de l'aluminium. Le film a fait événement à sa sortie, et défend une prise de position radicale face aux problèmes environnementaux causés par l'industrie. Dans la lignée du combat écologique, le documentaire *Dreamland* (2009), de Þorfinnur Guðnason, se penche sur la construction de la Centrale hydroélectrique de Kárahnjúkar, et les enjeux environnementaux et politiques qu'elle soulève. Le film franco-islandais *Back Soon* (2008), de Sólveig Anspach, raconte la vie d'une poétesse islandaise, qui décide de quitter l'île et qui, pour financer son projet, revend son commerce de marijuana. La chanteuse Björk a joué et collaboré sur des grands films de notre temps : *Dancer in the Dark* (2000) de Lars Von Trier, ou encore *Drawing Restraint 9* (2005) de l'artiste Matthew Barney. L'île attire les productions étrangères pour ses paysages. Ce fut le cas dernièrement avec le tournage d'*Arctic*, réalisé en 2018 par le Brésilien Joe Penna, et racontant l'histoire d'un homme piégé en Arctique (Mads Mikkelsen) suite au crash de son avion. L'une des scènes les plus connues tournées sur l'île se déroule au lac Jökulsarlón

Que rapporter de son voyage ?

Le souvenir le plus prisé est le pull en laine, fabriqué à la main et réputé pour être très chaud ! Les peaux de mouton et autres accessoires en laine (gants, bonnets, chaussettes, chaussons, écharpes, plaids, pelotes, etc.) connaissent aussi leur petit succès.
Les bijoux réalisés à partir de pierres volcaniques (lave basaltique notamment) ou directement inspirés des symboles runiques demeurent aussi des inconditionnels. Parmi les autres idées d'objets à ramener lors de votre voyage : de l'alcool brennevin, du skyr, des T-shirts avec des motifs ou slogans islandais amusants, des sacs ou des accessoires en galuchat (peau de raie ou de requin), des crèmes à base de plantes, un CD de musique islandaise, et pourquoi pas du poisson séché, très apprécié des Islandais !

dans l'un des films de la série James Bond, *Meurs un autre jour* (2002). Ce même lac avait servi de décor, en 1983, à *Dangereusement vôtre*, où Roger Moore incarnait l'espion pour la septième et dernière fois. C'est aussi là qu'ont été tournées des séquences de *Batman Begins* (2005) et de *Lara Croft : Tomb Raider* (2001).
Plus récemment, c'est le réalisateur Valdimar Jóhannsson qui fait parler de lui avec le difficile *Lamb*, son premier long-métrage sorti fin 2021, dont Noomi Rapace tient le rôle principal.

Littérature

Sagas

Les sagas, écrites vers la fin du XIIe siècle, forment un ensemble de chroniques des rois de Norvège et de récits sur les hauts faits des grands colonisateurs de l'Islande. Elles proviennent d'une tradition orale prodigieusement riche : souvenirs de voyages prestigieux des ancêtres vikings célèbres et évocations de grandes traditions sacrées ou épiques du monde germanique (textes anciens scandinaves antérieurs au IXe siècle). Loin d'être la transcription de traditions orales, ce sont des œuvres éminemment littéraires, composées par des auteurs conscients de leur art. Elles rapportent les aventures de héros mémorables, dans un style rapide et concis, d'une force tragique ou d'un humour froid admirable.

Littérature moderne

Les Islandais sont d'avides lecteurs. Un nombre incroyable de livres sont édités en Islande, que ce soit des ouvrages d'auteurs locaux ou des œuvres traduites. Ce pays fascinant pousse sûrement à écrire. Les écrivains étrangers s'intéressent d'ailleurs de plus en plus à cette terre. Les auteurs contemporains islandais sont nombreux et connaissent quelques succès à l'étranger, depuis H. Laxness (prix Nobel de littérature) à Arnaldur Indridasson.

Musique

Alors que la musique islandaise reste peu connue à travers le monde, certains de ses artistes ont parfaitement réussi à s'exporter. Björk est devenue une célébrité internationale et a enchaîné les tubes avec sa voix douce plaquée sur des airs de musique électronique expérimentale. La reconnaissance de Björk a permis au monde entier de s'apercevoir de l'existence du pays et a prouvé qu'une petite île pouvait posséder une scène musicale vivante et performante. Ceux qui en douteraient encore devraient se rendre au festival Iceland Airwaves qui se déroule chaque automne à Reykjavík. D'autres noms sont Mugison, Minus, Sigu Rós, très connu aux États-Unis et en Europe, Quarashi, Ragnheiður Gröndal, Birgitta Haukdal (Irafár), Jónsi, Retro Stefson. En France, on connaît mieux la calme pop électro du groupe Múm, le compositeur-interprète Ásgeir, la folk indé de Of Monsters and Men ou le groupe expérimental Gus Gus.

Peinture et arts graphiques

Un grand nom s'impose parmi la communauté de peintres islandais : Erró. Né le 19 juillet 1932 à Ólafsvík, il a voyagé et vécu dans trois pays européens, dont la France. Après avoir appris l'art de la mosaïque à Florence, il réalise de nombreuses expositions à Paris et à travers le monde. Sa peinture est de style pop art, tendance des années 1950 dans laquelle on retrouve beaucoup de reproductions d'images stéréotypées des médias (même mouvement que l'Américain Andy Warhol). Erró n'est bien sûr pas le seul peintre islandais réputé. Vous en découvrirez bien d'autres : Gunnlaugur Scheving, Svavar Guðnason, Nína Tryggvadóttir Helgi Þorgils Friðjónsson, Þórarinn B. Þorláksson, Ásgrímur Jónsson et Jóhannes Sveinsson Kjarval. De multiples galeries et échoppes proposent des objets en céramique, vases et objets de décoration, mais quelques artistes, comme Gudrun Halldorsdottir et Kristin Gudjonsdottir, ont poussé cet art en sculptant visages, drakkars vikings et œuvres modernes de toute beauté.

Sculpture

Le centre-ville de Reykjavík est animé par de nombreuses sculptures réalisées au cours du XXe siècle. L'office de tourisme publie une petite brochure intéressante : un guide de découverte du centre-ville à travers ses statues (en anglais). Plusieurs musées de la ville sont consacrés à un et unique sculpteur. À voir ainsi : le musée Einar Jónsson (ses œuvres sont inspirées par la mythologie et le folklore islandais), le Sigurjón Ólafsson Museum, où sont exposées les sculptures abstraites de cet artiste islandais (1908-1982) et le musée Ásmundur Sveinsson (Ásmundarsafn) qui abrite 370 sculptures en bois, plâtre, terre, pierre, métal ou bronze, et quelque 2 000 dessins du pionnier de la sculpture islandaise.

FESTIVITÉS

Février

NUIT DES MUSÉES

REYKJAVÍK

Chaque année en février, la culture est à l'honneur dans la capitale islandaise ! Durant plusieurs nuits, les musées ouvrent leurs portes aux locaux comme aux touristes, et ce, de manière totalement gratuite. En plus d'être en accès libre, la Nuit des musées porte bien son nom parce que les musées ferment alors tardivement, après minuit. De plus, il y a de nombreuses animations dans les rues, des spectacles pour les enfants, des expositions particulières... Une belle manière de profiter de tous les musées totalement gratuitement !

Mars

FOOD AND FUN FESTIVAL

REYKJAVÍK

www.foodandfun.is

oli@foodandfun.is

Créé il y a plus de 15 ans, ce festival réunit des chefs venus d'Europe et d'Amérique du Nord dans la capitale de l'Islande. Leur but ? Devenir le Food and Fun Chef of Year en concoctant de succulents mets à base de produits locaux (poissons, fruits de mer, agneau, lait...) qui figureront au menu des restaurants participants dans la capitale. En plus de donner lieu à de nombreuses merveilles culinaires, c'est l'occasion de déguster de bons plats islandais et de profiter de certaines offres promotionnelles. A tester pour les gourmands !

Juin

JOURNÉE DES PÊCHEURS

Cette journée a lieu chaque année le premier dimanche de juin.

Cette fête remonte à 1938, mais la culture de la pêche en Islande remonte à des siècles. Quiconque vient en Islande sait en effet à quel point la pêche est intimement liée au quotidien des Islandais. Pour rendre hommage ses nombreux pêcheurs, la Journée des pêcheurs (Sjómannadagur) rassemble chaque année locaux comme touristes. À cette occasion, tous les pêcheurs rentrent au port et de nombreuses activités liées à la mer sont organisées dans les ports du pays. En tant que plus grand port de pêche d'Islande, celui de Reykjavík est idéal pour profiter du moment.

FÊTE NATIONALE DE L'ISLANDE

La fête nationale islandaise a lieu chaque année le 17 juin. Ce jour-là, on retrouve notamment des défilés, fanfares et autres festivités, parfois plus solennelles, parfois plus conviviales. Ce jour célèbre la formation de la République qui eut lieu le 17 juin 1944, il a été aussi choisi en honneur à Jón Sigurðsson, leader du mouvement pacifique d'indépendance islandaise. Plus généralement, c'est une occasion unique d'échanger avec des locaux en toute convivialité.

Novembre

ICELAND AIRWAVES

REYKJAVÍK
icelandairwaves.is
info@icelandairwaves.is
L'un des festivals les plus innovants du monde de la musique, et aussi probablement le festival de musique le plus célèbre en Islande. Sponsorisé par le groupe Icelandair, Iceland Airwaves est organisé à Reykjavík avec des concerts dans de nombreux endroits de la ville. Pratique : des *packages* spéciaux sont mis en place par Icelandair, incluant le vol aller-retour et les pass à partir de 400 euros ou un forfait plus complet (vol aller-retour, hébergement, petits déjeuners, transferts et entrée au festival). De quoi profiter à fond du moment !

Décembre

MARCHÉS DE NOËL

REYKJAVÍK
Chaque année, venez savourer les fêtes dans les différents marchés de Noël de la capitale et en périphérie. Le marché de Noël qui débute le plus tôt (fin novembre) est celui de Ellidavatnsbaer, un peu éloigné. Attention, il n'est ouvert que de 12h à 17h le week-end ! Dans le centre, sur la place Ingólfstorg, ne manquez pas la patinoire et les stands très festifs le soir. D'autres marchés sont à découvrir à Hjartagarður, au parc de Laugardalur, au Musée de plein air... Il y a des nouveautés chaque année donc pensez à vous renseigner avant votre voyage.

NOËL ET JOUR DE L'AN

REYKJAVÍK
Durant la période de Noël, les magasins se parent de décorations à l'image des légendes islandaises, comme celle du *Christmas cat* (ou *Jólakötturinn* en islandais) qui dévore les enfants qui n'auront pas reçu de vêtements pour Noël ou celle des 13 lutins de Noël, les *yule lads*, qui adorent semer les pagaille ! Côté restaurants, vous pourrez vous régaler de nombreux buffets de Noël. Enfin, le Nouvel An, la plupart des Islandais sortent de chez eux afin d'aller à des réceptions, ou encore d'admirer les magnifiques feux d'artifice qu'ils lancent eux-mêmes.

CUISINE LOCALE

Produits et spécialités

La vie est chère en Islande, surtout les produits importés, sauf la pomme de terre.

Les moutons abondent sur l'île, le poisson (saumon, hareng) est relativement bon marché, les oiseaux sont très appréciés : macareux, oie, canards, guillemots, œufs de poule (coûteux), lagopèdes.

Les Islandais sont fiers de leurs produits laitiers et en consomment beaucoup (essayez l'épais et onctueux skyr avec de la crème et de la confiture de myrtilles). L'Islande n'importe pas de fromages, mais en produit 80 sortes : brauðostur et tilsitter (semblables à l'édam), óðalsostur semblable à l'emmenthal, skólaostur très doux, búri semblable au havarti, gráðaostur (bleu), mysingur/mysuostur (fromages bruns à tartiner).

Les boulangeries (*bakarí*) sont rares, on en trouve essentiellement dans l'ouest et le nord, dans les grandes villes, et proposent : *seytt rúgbrauð* (pain de seigle cuit à la vapeur, très dense et très nourrissant), *flatkökur/flatbrauð* (sorte de pancakes, galettes de seigle plates, cuites sous la cendre). Les gâteaux et viennoiseries peuvent être délicieuses et consistantes, avec la cannelle en ingrédient vedette. Le chocolat islandais est bon mais très cher.

Boissons

L'eau (*vatn*) est une des grandes richesses du pays, qui commence d'ailleurs à l'exporter en bouteille. Elle est pure, cristalline et omniprésente. Une désagréable odeur de soufre s'échappe des sources ou des robinets d'eau chaude mais cette odeur ne nuit en rien à la qualité de l'eau et on s'en accommode vite. Les Islandais consomment volontiers des sodas, Coca-Cola® et Pepsi® en tête. Dans les snacks, notamment les stations-service, les boissons chaudes sont à volonté. Côté alcools, on trouve de la bière légère (*öl*) un peu partout, comme la bière Viking. La vraie bière (*bjór*) se consomme uniquement dans les bars avec licence. Seuls les magasins d'État sont habilités à vendre les alcools forts, la bière alcoolisée, le vin ou le champagne au détail. Attention, ils ferment leur porte très tôt ! N'oubliez pas de goûter la vodka islandaise, l'Aquavitae, et le célèbre Brennivín.

© IAM-PHOTOGRAPHY – ISTOCKPHOTO.COM

Le harkal est une spécialité islandaise de requin fermenté.

Cinnabon.

Habitudes alimentaires

Les Islandais mangent trois fois par jour. Le petit déjeuner chez l'habitant, également surnommé « petit déjeuner continental » dans les hôtels, se révèle très copieux. Chacun trouve son compte grâce à la variété des ingrédients.

Certains restaurants offrent un menu touristique comprenant une soupe en entrée, un plat de viande ou de poisson et du café lors du déjeuner, le tout pour une somme qui reste modique sur place. Mais le dîner se révèle, quant à lui, beaucoup plus cher, même si les plats à la carte restent parfois les mêmes que ceux du midi.

Les différents modes de restauration

Station-service. Dans de nombreux villages de l'île, la station-service est le centre de tout : essence, poste, banque, arrêt de bus, épicerie et… « restaurant ». Les stations ouvrent tôt le matin et ferment entre 20h30 et 23h selon le lieu où le voyageur se situe.

- **Fast-food.** En Islande, les tarifs pratiqués se révèlent quasiment deux fois plus chers qu'en France. La nourriture se révèle rarement de bonne qualité, mais il existe des exceptions. Fermeture entre 23h et minuit.
- **Pizzeria.** Les restaurants italiens restent une bonne solution entre fast-food, station-service et restaurant typique. Une fois de plus, les tarifs se montrent plus élevés qu'en France. Derniers services vers 22h.
- **Restaurant typique.** En fonction des spécialités proposées et de sa réputation, il présente des fourchettes de prix très diverses. Comparé aux restaurants d'hôtels, il offre l'avantage d'offrir un cadre moins strict. Le service se termine entre 22h et 23h.
- **Restaurants d'hôtel**. Ces restaurants proposent des menus variés et souvent de qualité, mais se révèlent parfois chers. Les établissements Icelandair offrent une restauration de grande qualité. Attention toutefois aux heures de fin de service qui ne dépassent quelquefois pas 21h pour les petits hôtels, notamment hors saison.

SPORTS ET LOISIRS

Les possibilités sont multiples, en été comme en hiver. Les adeptes des sports en plein air ne seront pas déçus : randonnée, mountain bike, rafting, ski sur glace, plongée dans les failles, escalade (sur glace ou non), équitation, safaris, spéléologie dans les failles de laves, kayak, canoë... À vous de choisir !

Randonnées pédestres

Toute l'année. L'hiver, les randonnées sont courtes, à la journée, l'été, possibilité de traverser les terres intérieures et de camper. C'est le grand trip en Islande, car c'est à pied que l'on découvre le mieux l'Islande. On voit partout des sportifs partir en expédition à l'assaut de volcans et de glaciers pour vivre au plus près de cette nature à la fois hostile et belle.

Rafting et kayaking

En été seulement. Le rafting est un sport extrême permettant de vivre le grand frisson tout en découvrant les paysages islandais. À plusieurs endroits dans le pays, on peut « chevaucher » les eaux vives écumantes des rivières glaciaires quand elles se jettent dans des canyons étroits, en compagnie de guides expérimentés. Le plaisir du rafting n'est pas uniquement réservé à des casse-cou. Il y a différentes sortes de rafting, et même des sorties familiales ! On trouve des organisateurs de rafting sur la Hvítá dans le sud de l'Islande près de Geysir et Gullfoss, mais aussi près de Varmahlíd dans le nord, et près d'Egilsstaðir dans l'est.

Snowmobile et trekking sur glacier

L'été sur les glaciers, l'hiver un peu partout. Suite à l'intérêt grandissant pour les snowcats et autres monstres à chenilles ou à quatre roues motrices, de plus en plus de prestataires proposent différents tours guidés avec l'indispensable conducteur expérimenté. Les destinations les plus populaires sont les glaciers du Snæfellsjökull sur la péninsule au nord de Reykjavík, les glaciers du Langjökull à Borgarfjörður, et du Vatnajökull dans le sud-ouest, près de Höfn.

Ski

En hiver, le ski se pratique à plusieurs endroits sur l'île notamment en proche banlieue de Reykjavík sur le site de Bláfjöll, mais à cause du réchauffement climatique ces dernières années, les pistes n'ont ouvert que quelques jours seulement. Dans le nord du pays, d'autres pistes existent, plus enneigées vers Akureyri sur la montagne Hlíðarfjall. Dalvík est, quant à elle, une ville connue pour son ski alpin.

Traîneaux à chiens

L'été sur les glaciers, l'hiver un peu partout. Ce sport n'est pas le plus développé en Islande mais quelques agences se proposent de faire découvrir le pays en traîneaux à chiens. Les tours sont bien entendu organisés l'hiver, de janvier à mai, sur les hauts plateaux et durent au minimum une heure.

ENFANTS DU PAYS

Björk

Élevée au sein d'une communauté hippie, Björk (Guðmundsdóttir de son vrai nom), née en 1965, s'est épanouie en toute liberté. Enfant précoce, à l'âge de 5 ans, elle connaissait la comédie musicale *La Mélodie du bonheur* par cœur. À 12 ans, elle grave son premier 33-tours, un album de chansons pour enfants *My Arab Boy*, qui fait d'elle immédiatement une gloire locale. À 13 ans, elle devient membre d'un groupe punk. Elle enregistre un album avec un quatuor jazz, avant de rejoindre KUKL, puis, en 1986, les Sugarcubes. Ce groupe la révélera au monde. En 1988, trois singles (*Birthday*, *Coldsweat* et *Deus*) imposèrent sa voix inouïe de sauvageonne. Trop complaisants, les albums des Sugarcubes menèrent le groupe à la dissolution (ils s'intitulaient littéralement « Morceau de sucre » car la musique qu'ils interprétaient, sirupeuse, n'était au départ qu'une blague). Avec d'anciens membres de KUKL et des amis de Medusa, un collectif d'art surréaliste, Björk crée une société d'édition multimédia, Bad Taste. « Le bon goût est le fléau de toute créativité ». Telle était alors la devise de l'époque… En 1993, Björk commence véritablement sa carrière internationale en solo. Installée en Angleterre, elle enregistre son envoûtant *Debut*. Elle mêle hip-hop futuriste et salsa cuivrée, rave intimiste et jazz. Son chant explore les mystères de la phonétique. En 2000, elle apparaît dans le film *Dancer in the Dark* de Lars von Trier qui lui vaut le prix d'interprétation féminine à Cannes. Les albums s'enchaînent toujours différents car Björk est une chanteuse qui se renouvelle sans cesse.

En 2006, un coffret réédite tous ses albums solo et, 14 ans après leur séparation, les Sugarcubes se retrouvent sur scène à Reykjavík, pour célébrer les 20 ans de la naissance du groupe. Son album *Biophilia* sorti en 2011 explore le fonctionnement du son, l'étendue infinie de l'univers, des systèmes planétaires aux structures atomiques. À son album *Vulnicura* en 2015, succède en 2017 *Utopia*, lui aussi très réussi. Björk est également connue pour ses engagements, sa participation active pour le respect de l'environnement dans son pays, s'élevant notamment contre le méga-barrage destiné aux industries d'aluminium américaines.

Olafur Eliasson

Cet artiste islando-danois, né en 1967, est à la tête d'un laboratoire axé notamment sur « l'art climatique » et se définit comme un créateur d'atmosphère. Il s'est fait connaître en 2003 pour son projet Temps, montré à la Tate Modern de Londres. Il s'agissait d'un soleil composé de milliers d'ampoules électriques et qui attira 2 millions de visiteurs. En 2007, il reçoit le prix Joan Miró et en 2008, il crée *Chutes* (*The New York City Waterfall)*, une œuvre monumentale placée sous les piliers du pont de Brooklyn à New York. Quatre

© BUBLIKHAUS - SHUTTERSTOCK.COM

constructions gigantesques en métal et plexiglas pompent l'eau de l'East River pour la rejeter de plus de 30 m de hauteur – créant des chutes d'eau urbaines illuminées, particulièrement spectaculaires. Il a également conçu la façade de la nouvelle salle de concert Harpa.

Vigdís Finnbogadóttir

Ancienne présidente de la République islandaise, cette ex-directrice du théâtre national, élue dès 1980 pour quatre ans au suffrage universel indirect, a représenté les valeurs nationales dont les Islandais sont si fiers et si prompts à défendre les principes. C'est ce qui a permis à Vigdís Finnbogadóttir d'être systématiquement reconduite dans ses fonctions à chaque nouvelle élection entre 1980 et 1996.

Elle ne fut pas seulement la première femme présidente d'un État démocratique, elle a également joui d'une popularité et d'une longévité dans son poste que bien des chefs d'État lui ont enviées. Son successeur, Ólafur Ragnar Grímsson, de l'Alliance du peuple, a été élu alors qu'elle ne souhaitait pas entamer un cinquième mandat. Francophile passionnée, elle a fait ses études à Grenoble. C'est aussi une excellente joueuse de handball. Actuellement, elle est ambassadrice de bonne volonté de l'Unesco et membre du comité d'honneur de la Fondation Chirac.

Eiður Guðjohnsen

Né le 15 septembre 1978 à Reykjavík, il est le plus grand footballeur islandais « de tous les temps ». Après avoir été formé au Valur Reykjavík, il quitte ce club à l'âge de 16 ans pour le PSV Eindhoven, multiple champion des Pays-Bas où il évolue aux côtés de Ronaldo. Gravement blessé durant deux ans, il revient en Islande, au club du KR, ce qui apparaît comme un échec.

Mais, tenace et extrêmement doué, il se fait à nouveau remarquer et est engagé par Bolton Wanderers alors en deuxième division anglaise. Lors de la deuxième saison, il inscrit 13 buts et se fait engager par Chelsea en 2000, pour un contrat dont le montant de 7,5 millions d'euros représente un record pour un joueur islandais. Il s'imposera au plus haut niveau, grâce à un physique à toutes épreuves, une volonté impressionnante et une intelligence de jeu remarquée. Malgré la concurrence de vedettes comme Zola, Mutu ou Drogba, il tire son épingle du jeu, souvent comme joker efficace. Néanmoins, en juin 2006, devant l'embouteillage d'attaquants à Chelsea, il signe au FC Barcelone, où il connaît rapidement le succès, toujours dans un rôle de joker de luxe. Avant de prendre sa retraite en 2016, il a aussi porté les maillots de Bruges (Belgique), Bolton (Angleterre), de Shijiazhuang Yongchang (Chine) et de Molde FK (Norvège).

Einar Karason

Les romans de cet écrivain de la nouvelle génération sont des best-sellers en Islande. Il a écrit une trilogie à grand succès, *Devil's Isle,* qui réunit les romans *Where Devil's Isle Rises*, *The Isle of God* et *The Promised Land.* L'histoire se situe à Reykjavík dans les années 1950 et dévoile de manière humoristique la vie d'une famille dont la culture, qui se rapproche de celle de fermiers et pêcheurs, se heurte à une famille américaine, amenée sur l'île par les troupes américaines et caractérisée par des personnages mythiques tels Marlon Brando ou Elvis Presley. Un film en a été tiré et a reçu le prix du meilleur film nordique en 1997. En 2000, son roman *La Sagesse des fous* connaîtra un petit succès et sera traduit en français, entre autres. En 2021, son roman *Oiseaux de tempêtes* a été traduit en français et est sorti chez Grasset.

Trekking sur glacier.

VISITE

Macareux moines.

REYKJAVÍK ET SA RÉGION

Première et dernière étape de tout voyage en Islande, Reykjavik et sa région ont de nombreuses choses à offrir. La capitale islandaise ne cesse de s'agrandir vers le sud et l'est. Si la crise a ralenti certains chantiers, les grues et les pelleteuses continuent de fonctionner dans certains quartiers. D'anciens villages ont été rattrapés et intégrés à l'agglomération, des villes nouvelles sont nées et naissent encore. Les dernières sont sans doute les plus réussies (ainsi Mosfellsbær), car construites pour être en parfaite harmonie (si cela est possible) avec la nature. Les deux plus grandes villes de banlieue sont Kópavogur et Hafnarfjörður, qui comptent chacune quelques points d'intérêt. Plus proche du centre, l'île de Viðey ne doit pas non plus être négligée. Si vous avez le temps, sachez que toute l'agglomération peut être parcourue à vélo ou même à pied, grâce à des chemins et des pistes cyclables.

REYKJAVÍK ★★★★

Reykjavik, la baie des fumées, est la capitale la plus septentrionale du monde. D'après les sagas et autres récits, c'est au début des années 870 qu'Ingólfur Arnarson, un Viking des fjords de Norvège, fonde Reykjavik. Durant des siècles, Reykjavik reste un petit village agricole. La ville ne prend son essor qu'au XVIIIe siècle. En 1786, Reykjavik est reconnue comme la capitale du pays, même si, selon le recensement de la population, seuls 351 habitants la peuplent. C'est ici que résident les 2/3 de la population islandaise. Quel que soit le quartier, ancien ou flambant neuf (la ville grandit à vue d'œil), c'est l'impression de calme qui règne. Reykjavik sera sans doute votre première rencontre avec l'Islande, une transition tout en douceur avec la nature vierge islandaise. Ne la négligez pas, car elle offre toutes les infrastructures culturelles et économiques d'une vraie capitale. Même s'il est plutôt surprenant de voir qu'il n'y a pas vraiment de patrimoine historique. Cela s'explique en partie par le fait que le matériau principalement utilisé sur l'île a été le bois et que très rare sur l'île, il a toujours été réutilisé au maximum. Les plus vieilles constructions de la capitale remontent donc à deux siècles à peine.

Centre-ville

▶ **Le centre de la vieille ville** est situé entre Tjörnin, l'« étang », et le port. La limite invisible choisie dans ce guide est la rue Lækjargata qui part de l'extrémité nord-est du lac pour terminer au pied de Harpa. Si Austurstræti est une rue piétonne, la place Austurvöllur était à l'origine un des prés de la grande ferme du premier colon, Arnarson. Au centre de la petite place se trouve une statue de Jón Sigurðsson, tribun islandais célèbre dans sa lutte pour l'indépendance au

XIXe siècle. Face à cette statue se trouve le Parlement islandais, dont le bâtiment en pierres taillées sombres date de 1881. Entre celui-ci et le lac Tjörnin se dresse la mairie, un bâtiment moderne, très critiqué lors de sa construction.

Le port (marchand et de pêche) constitue la deuxième grande zone de la vieille ville. On y jouit d'une belle vue sur les reliefs aux couleurs changeantes de l'Esja, sur la pointe de Seltjarnarnes, sur l'île de Viðey, voire sur les cheminées d'Akranes. Par beau temps, on aperçoit même plus loin, au nord-ouest, le cône parfait du Snæfellsjökull. Sur la principale esplanade des panneaux bien conçus relatent l'histoire du port. Si vous longez le port en déambulant sur Geirsgata, continuez jusqu'aux jolies bâtisses bleu-vert alignées au bord de l'eau. Suivez la jetée Ægisgarður, qui ferme ce que l'on appelle le vieux port de Reykjavík (Gamla Höfnin), vous apercevrez alors le bâtiment très contemporain de Harpa, la salle de concert de la ville accueillant aussi ballets et opéras.

A l'extrémité ouest de la ville s'étend la péninsule de Seltjarnarnes, connue pour ses quartiers résidentiels, son golf ceint par les flots, sa réserve naturelle, sa belle plage de sable blond et son phare.

AURORA REYKJAVÍK – THE NORTHERN LIGHTS CENTER ★★

Grandagarður 2
✆ +354 780 4500
www.aurorareykjavik.is
info@aurorareykjavik.is

Idéal à découvrir avant de partir à la chasse aux aurores, ce petit musée est simple et efficace pour tout comprendre de ce phénomène. Vous commencerez par apprendre leur signification à travers les différents mythes des peuples du Grand Nord, avant de passer aux informations scientifiques. Dans la boutique souvenirs, n'oubliez pas d'essayer les lunettes 3D réservées aux visiteurs de l'exposition, qui vous plongent devant un spectacle d'aurores plus vraies que nature.

Reykjavik.

Fiskislóð
Grandagarður
Mýrargata
Vesturgata
Ránargata
Bárugata
Öldugata
Ægisgata
Túngata
Túngata
Hávallagata
Sólvallagata
Ásvallagata
Hringbraut
Víðimelur
Birkimelur
Suðurgata
Tjarnargata
Tjörnin
Sæmundargata
Suðurgata
Hringbraut
Kalkofnsvegur
Lækjargata
Þingholtsstræti
Bergstaðastræti
Óðinsgata
Lokastígur
Laufásvegur
Baldursgata
Bragagata
Njarðargata
Sóleyjargata
Lindargata
Skúlagata
Hverfisgata
Frakkastígur
Laugavegur
Grettisgata
Njálsgata
Bergþórugata
Reykjavík
Barónsstígur
Egilsgata
Leifsgata
Eiríksgata
Mímisvegur
Snorrabraut
Rauðarárstígur
Þverholt
Flókagata
Auðarstræti
Gunnarsbraut
Gamla Hringbraut
Miklabraut
Engihlíð
Reykjahlíð
Skógarhlíð
Eskihlíð
Hlíðarendi
Flugvallarvegur
Bústaðavegur
Nauthólsvegur
Öskjuhlíð
Varmahlíð
1 - Aurora Reykjavík
2 - Austurvöllur
3 - Hallgrímskirkja
4 - Cimetière de Suðurgata
5 - Galerie nationale d'Islande
6 - Hôtel de Ville (Ráðhús)
7 - Jardin botanique
8 - Lac Tjörnin
9 - Marché aux Puces de Kolaportið
10 - Musée d'Art contemporain
11 - Musée de la Photographie
12 - Musée de la Sculpture Ásmundur Sveinsson
13 - Musée du Phallus
14 - Musée Einar Jónsson
15 - Musée Jóhannes S. Kjarval
16 - Musée maritime de Reykjavík

Centre de Reykjavik
Baie de Faxa
200m
N
Klettagarðar
Héðinsgata
Kleppsvegur
41
Sundagarðar
Rauðalækur
Laugarnesvegur
Bugðulækur
Leirulækur
Dalbraut
Selvogsgrunn
Sæbraut
Sundlaugavegur
Brúnavegur
Borgartún
Hrísateigur
Hraunteigur
Kirkjuteigur
Samtún
Katrínartún
Sóltún
Miðtún
Hátún
Laugavegur
Hofteigur
Laugateigur
Sigtún
Laugarásvegur
Vesturbrún
Nóatún
Skipholt
Bolholt
Kringlumýrarbraut
Engjateigur
Suðurlandsbraut
Rósir
Lágmúli
Háaleitisbraut
Langahlíð
Úthlíð
Stakkahlíð
Skaftahlíð
40
49
Álftamýri
Safamýri
Miklabraut
Stakkahlíð
Bogahlíð
Grænahlíð
Hamrahlíð
Stigahlíð
Kringlan
Hvassaleiti
18
21
12
7
32
17 - Musée national d'Islande
18 - Musée Sigurjón Ólafsson
19 - Parlement (Alþing)
20 - Perlan
21 - Rue Laugavegur
22 - Rues colorées
23 - Saga Museum (Sögusafnið)
24 - Seabraut
25 - Settlement Exhibition 871 ± 2
26 - Skolavörðustigur
27 - Sólfar - Le Voyageur du Soleil
28 - Vieille Ville
29 - Vieux Port et baleiniers
30 - Volcano House
31 - Whales of Iceland
32 - Zoo de Reykjavik

AUSTURVÖLLUR ★

Austurvöllur

Bien qu'étant la plus vaste place de la vieille ville, cet espace était jadis plus étendu encore, car les fermiers venus des régions alentour y séjournaient le temps d'un marché. Entourée d'importantes institutions locales (la cathédrale de Dómkirkja, l'Alþingi – le Parlement), elle joue un rôle politique depuis de nombreuses décennies. S'y ajoute l'hôtel Borg (1930) et la cathédrale qui étonne avant tout par ses dimensions modestes. Au centre de la place se dresse la statue de Jón Sigurðsson, le meneur de la lutte pour l'indépendance au XIXe siècle.

CIMETIÈRE DE SUÐURGATA ★

Suðurgata

Ce cimetière (aussi appelé Hólavallagarður) qui surplombe le lac Tjörnin est utilisé depuis 1838 et fut longtemps la zone la plus boisée de la capitale. Vous y verrez le carré français réservé aux pêcheurs disparus au large de l'Islande. En effet, au tournant du siècle dernier, des navires bretons traversaient l'Atlantique Nord pour pêcher la morue au large des côtes islandaises et les naufrages étaient fréquents. Une stèle commémorative y a été érigée par les Islandais avec une citation en français du *Pêcheur d'Islande* de Pierre Loti.

GALERIE NATIONALE D'ISLANDE (LISTASAFN ÍSLANDS) ★★

Fríkirkjuvegur 7

✆ +354 515 9600

www.listasafn.is

list@listasafn.is

Ce joli musée au bord du lac (belles vues depuis ses fenêtres) offre un aperçu de la scène artistique en Islande des XIXe et XXe siècles. On verra ainsi les œuvres de nombreux peintres paysagistes influencés par les impressionnistes. Des expositions temporaires sont également proposées tout au long de l'année. Vous profiterez d'une cafétéria ainsi que d'une boutique très bien fournie. Bon à savoir : il est également possible de prendre un pass pour 4 musées à 2 000 Kr.

Cimetière de Suðurgata.

© OVCHINNIKOVA IRINA – SHUTTERSTOCK.COM

Hôtel de ville.

GROTTA ★★

Seltjarnarnes

Ce petit îlot venteux est accessible à marée basse (les horaires sont indiqués au début du passage – fermé de mai à juillet), on le remarque grâce à son phare et ses deux petites maisons colorées. De là on a une belle vue sur Akranes. Non loin, on passe devant d'anciens séchoirs à poissons. Des phoques prennent parfois le soleil sur les rochers alentour. En regardant vers le sud, vous distinguez les crêtes des reliefs du Reykjanes, dont le cône parfait du Keilir. Vous pouvez de là longer la partie sud de la péninsule, avec toujours la mer en vue.

HÔTEL DE VILLE (RÁÐHÚS) ★

Tjarnargata 11

✆ +354 411 1111

Inaugurée en 1992, la nouvelle mairie (*Ráðhús)* se dresse sur pilotis sur la rive nord du lac Tjörnin. Béton, verre, métal brillent au moindre rayon de soleil. Remarquez les blocs de béton à hublots couverts de mousse à l'entrée. À l'intérieur, vous trouverez des informations touristiques au siège de Visit Reykjavik, des expos temporaires et petits marchés, et surtout une immense carte en relief de l'Islande, que l'on prendra plaisir à parcourir pour prendre conscience de la géographie complexe de ce formidable pays, au début ou à la fin de son voyage.

LAC TJÖRNIN ★★

Tjörnin

Le Tjörnin, un petit lac situé en plein centre-ville, agit comme un aimant sur les Islandais comme les touristes. Il représente bien plus qu'un lieu de passage obligatoire entre le centre et le quartier universitaire. Les plus belles demeures de la vieille ville l'entourent. La météo changeante le rend brillant, métallique ou sombre. Ses bancs invitent à de longs moments de contemplation et d'observation des nombreux oiseaux islandais qui fréquentent ses berges et îlots. En hiver, lorsqu'il gèle suffisamment, il sert aussi de patinoire d'appoint !

MARCHÉ AUX PUCES DE KOLAPORTIÐ ★★

Tryggvagata 19
www.kolaportid.is
En face du vieux port
Voici un endroit idéal pour découvrir l'Islande populaire : le seul marché aux puces du pays. On y vend de tout : livres d'occasion, disques vinyles locaux ou étrangers, pulls en laine, chaussures et vêtements, tableaux... Les petits étals d'alimentation permettent d'acheter du poisson séché, mariné ou congelé, des viandes locales (cheval, macareux, agneau), du pain noir et divers gâteaux, à des tarifs très économiques que vous ne trouverez pas ailleurs. A ne pas manquer !

MUSÉE D'ART CONTEMPORAIN ★

Tryggvagata 17
✆ +354 411 6400
www.artmuseum.is
listasafn@reykjavik.is
Cette antenne du Reykjavík Art Museum, ouverte en 2000, est aménagée dans un vaste bâtiment portuaire (Hafnarhús), assez quelconque à l'extérieur. Le bâtiment date des années 1930 et fut rénové en 1998-2000. Il s'organise sur plusieurs étages, autour d'une cour rectangulaire. L'aménagement intérieur est très agréable : bois, verre, béton brut, métal. La collection permanente est dédiée à Erró sur le thème des portraits, le reste met en valeur, sous forme d'expositions temporaires, les grands et moins grands noms actuels de la scène artistique locale.

MUSÉE DE LA PHOTOGRAPHIE (LJÓSMYNDASAFN) ★

Tryggvagata 15
✆ +354 411 6390
photomuseum@reykjavik.is
Situé au sixième étage de la bibliothèque de Reykjavík, il s'agit tout simplement d'une salle où se succèdent

Musée d'Art Contemporain.

© POLINA SHESTAKOVA – SHUTTERSTOCK.COM

Musée maritime de Reykjavík.

d'intéressantes expositions temporaires d'œuvres de photographes locaux ou étrangers. Le thème colle souvent à l'actualité du pays, d'où l'intérêt d'une visite. La bibliothèque étant accessible librement, vous pourrez aussi en profiter pour faire une pause parmi les nombreux bouquins et rayonnages, l'endroit est parfois décoré à certaines périodes comme Noël.

MUSÉE DU PHALLUS (REÐASAFN PHALLOLOGICAL MUSEUM) ★

2 Kalkofnsvegur
✆ +354 561 6663
www.phallus.is
phallus@phallus.is

Ce lieu autoproclamé unique au monde, s'est installé au centre de Reykjavik. Comme son nom l'indique, il est entièrement consacré aux phallus. 217 pénis d'espèces, surtout présentes en Islande, sont exposés empaillés ou baignés dans le formol dont celui très impressionnant de la baleine. Toutes sortes d'objets de forme phallique sont aussi présents. Ce musée vaut quand même une visite pour son côté unique et possède un bar où l'on peut déguster un verre l'Icelandic Penis Ale (IPA).

MUSÉE MARITIME DE REYKJAVÍK (VÍKIN) ★★★

Grandagarður 8
✆ +354 411 6300
www.borgarsogusafn.is

Logiquement situé sur le port, ce musée retrace l'histoire maritime du pays à l'aide de maquettes de bateaux, de cartes, d'outils de navigation et de diverses œuvres d'art. Cette exposition permet ainsi de comprendre l'évolution formidable de l'industrie de la pêche en Islande qui a enrichi le pays en quelques décennies.Très interactif, c'est un vrai plaisir à visiter, seul ou en famille. Il abrite aussi un restaurant, le Messinn, dont les fruits de mer sont l'une des spécialités.

MUSÉE NATIONAL D'ISLANDE (THJÓÐMINJASAFN ÍSLANDS) ★★★

Suðurgata 41
✆ +354 530 2200
www.thjodminjasafn.is
thjodminjasafn@thjodminjasafn.is

Ce musée est aussi intéressant et chaleureux à l'intérieur qu'il est gris et austère à l'extérieur. Sur deux étages, une vaste collection illustre la vie et l'art du pays depuis la colonisation jusqu'au XXe siècle. Sur votre parcours, vous pourrez aussi bien essayer un costume viking que visiter la reconstitution d'une maison traditionnelle. La visite se termine par un tapis roulant d'aéroport sur lequel défilent les objets qui ont marqué le dernier siècle.

PARLEMENT (ALÞING) ★

Austurvöllur
✆ +354 563 0500
www.althingi.is
ritstjori@althingi.is

Statue du héros national Jon Sigurdsson sur la place Austurvöllur.

Sur la place Austurvöllur, ce bâtiment de basalte gris est le parlement islandais qui date de 1881. Il remplace le premier parlement qui se situait à Þingvellir depuis 930, et qui fut ainsi le premier du monde. Bâtiment lourd et massif, il est l'œuvre d'un architecte danois, Ferdinand Meldahl. La version actuelle a subi des remaniements jusqu'en 2002. C'est devant le parlement que se réunissent les manifestants lorsque des protestations ont lieu en ville et c'est aussi un beau lieu emblème de la mémoire islandaise à photographier.

SAGA MUSEUM (SÖGUSAFNIÐ) ★★

Grandagarður 2
✆ +354 511 1517
www.sagamuseum.is
info@sagamuseum.is

Le musée retrace les moments clés de l'histoire de l'Islande ainsi que la manière dont la population islandaise a vécu pendant plus d'un millénaire. Les visiteurs sont guidés grâce à un audioguide (langue française disponible). De nombreuses saynètes montrent des personnages plus vrais que nature en cire illustrant les moments importants de l'histoire du pays, dont la conception est expliquée lors d'une projection au sein même du musée. Un lieu particulièrement intéressant, idéal en famille. Les locaux abritent également l'excellent restaurant Matur og Drykkur.

SETTLEMENT EXHIBITION 871 ± 2 ★

Aðalstræti 16
✆ +354 411 6370
www.borgarsogusafn.is

Cette curieuse appellation correspond à la datation d'une couche de cendre éruptive retrouvée ici. On y a aussi découvert la preuve de l'implantation du premier lieu d'habitation permanent : des murs en tourbe datant de 930. Cette découverte a permis de préciser la date de la première implantation en Islande : 871 environ... L'exposition multimédia aménagée sur le site et complétée par d'autres objets issus de fouilles vous permettra de mieux comprendre la vie au temps des Vikings.

VIEILLE VILLE ★★

Les rues avec les demeures les plus anciennes de la capitale se trouvent de chaque côté du lac Tjörnin. A partir de 1883, la chasse à la baleine apporta un nouveau style d'habitation : les premières maisons au toit en tôle ondulée furent importées de Norvège. Aujourd'hui, ces petites maisons de bois entourées d'un jardinet sont généralement divisées en appartements. Plus près du port se trouve la place centrale Ingolfstorg avec Fálkahúsið (la « fauconnerie »), reconstruction de la fauconnerie d'origine qui servait à garder les rapaces des rois étrangers.

VIEUX PORT ET BALEINIERS ★★

Le vieux port est bordé de petits cafés et restaurants directement tournés vers la mer, et bien sûr c'est là que vous trouverez tous les stands des agences proposant des sorties en mer. Du côté des navires, on retrouve principalement des bateaux pour les excursions touristiques, mais aussi parfois les rares baleiniers restants encore en Islande reconnaissables à leurs grandes cheminées frappées d'un « H » pour *hvalur* (baleine). Cette pratique autorisée mais très controversée est toutefois en baisse et sûrement vouée à disparaître.

WHALES OF ICELAND ★★

23-25 Fiskislóð
✆ +354 571 0077
www.whalesoficeland.is
info@whalesoficeland.is
Bus 14.

À travers cette belle et impressionnante exposition, le but est d'éduquer le public sur le monde fragile et fascinant des baleines et dauphins. L'exposition est un espace où les amateurs et les connaisseurs peuvent expérimenter la vie marine à son maximum. Le fait d'avoir autour de vous des modèles à taille réelle vous fait réaliser à quel point ces animaux sont majestueux. À noter qu'en Islande, la chasse à la baleine est toutefois encore autorisée malgré les oppositions à cette pratique, mais son activité est en baisse et elle est sûrement vouée à disparaître.

L'est et la colline Öskjlid

Située à l'est du centre-ville, tout au bout de Laugavegur, Laugardalur ou « vallée des sources chaudes », constitue le quartier des affaires, des loisirs et des sports de la capitale. C'est ici que l'on trouve, à deux pas du camping, la plus grande piscine extérieure de Reykjavík, le jardin botanique, le zoo – où s'ébattent les animaux composant la faune islandaise – et le stade de football où brillent les joueurs de l'équipe nationale. Plus loin, mais toujours dans les limites de la ville, se trouve l'Elliðaá, une rivière dans laquelle frétillent de nombreux saumons.

Au sud de la ville, sur la colline d'Öskjuhlið, la coupole du Perlan coiffe les réservoirs d'eau chaude à la manière d'une soucoupe spatiale prête à décoller.

En effet, l'eau des sources chaudes est stockée ici en attendant de servir à chauffer toutes les maisons de la capitale. En hiver, même les trottoirs de Reykjavík sont chauffés par la géothermie qui est une source d'énergie économique et écologique. Cependant, la consommation actuelle a fait baisser le niveau des nappes souterraines d'eau chaude, et l'on ne voit plus les fumerolles qui attirèrent les premiers colons dans la « baie des fumées » d'Arnarson. En contrebas de la colline, non loin de la plage géothermale de Reykjavík, se trouvent les pistes de l'aéroport domestique, créé en 1940 par les Britanniques afin d'assurer le contrôle de l'Atlantique Nord. Ces derniers furent remplacés par les Américains. De cette époque date l'interdiction secrète par le gouvernement islandais des gens de couleur sur l'île, cette situation a duré jusqu'à ce qu'elle soit divulguée publiquement en 1959, mais il faudra attendre les années 1970 avant que les choses ne changent…

Le geyser artificiel de Reykjavik.

GEYSER ARTIFICIEL (STROKKUR) ⭐

Öskjuhlíð

Afin de rappeler que le nom de Reykjavík venait des fumerolles des innombrables sources chaudes qui existaient jadis, la compagnie de chauffage de la capitale décida en 1995 de recréer une copie conforme d'un geyser. En effet, geysers et autres jets de vapeur ont aujourd'hui disparu de la zone de la capitale en raison de la baisse du niveau des nappes d'eau. Le nouveau vrai-faux geyser inauguré en janvier 1998 fonctionne de deux à quatre heures par jour et atteint 20 à 30 m de hauteur.

MUSÉE DE PLEIN AIR ÁRBÆR (ÁRBÆJARSAFNI) ⭐⭐

Kistuhyl

✆ +354 411 6300

www.borgarsogusafn.is

openairmuseum@reykjavik.is

Légèrement excentré, ce musée de plein air n'en vaut pas moins le détour ! À Árbær, où l'on a reconstruit 27 bâtiments (de 1820 à 1907) récupérés un peu partout en Islande, ce musée se présente en effet comme un petit village avec ses maisons, son église et sa ferme de tourbe. Dans les ateliers, on retrouve des vieux métiers islandais. Très agréable, ce musée pittoresque permet de s'imaginer le quotidien des Islandais il y a quelques dizaines d'années.

MUSÉE LAXNESS (GLJÚFRASTEINN) ⭐

Mosfellsbær

Route 36

✆ +354 586 8066

www.gljufrasteinn.is

gljufrasteinn@gljufrasteinn.is

Cette maison située sur le territoire de Mosfellsbær, une ville qui grandit à vue

© JAN DRAHOKOUPIL

La grosse bulle de verre du Perlan.

VISITE

d'œil aux abords nord-est de Reykjavík, était celle d'Halldór Laxness, l'écrivain prix Nobel de littérature en 1955. La bâtisse, toute simple, surprend par sa petite taille. Elle abrite une expo qui ravira les lecteurs du grand écrivain islandais. Des audioguides sont disponibles. Le musée, un peu en dehors de l'agglomération, sur la route de Þingvellir, est bien indiqué.

MUSÉE SIGURJÓN ÓLAFSSON ★

Laugarnestangi 70
✆ +354 553 2906
www.lso.is
lso@lso.is

Dans ce petit musée un peu loin de tout, mais toute proche de la mer, sont exposées les sculptures abstraites en pierre, bronze ou bois de cet artiste islandais (1908-1982) réputé. Décédé en 1982, Sigurjón Ólafsson a étudié et travaillé au Danemark jusque dans les années 1930/1940, à partir desquelles il connut le succès. Il ne revient en Islande qu'en 1945, mais laisse sa trace dans le pays. Des concerts et des expositions temporaires sont fréquemment organisés au musée. En islandais, le nom du musée est « Listasafn Sigurjóns Ólafssonar ».

PERLAN ★★

Öskjuhlíð
✆ +354 566 9000
www.perlan.is
info@perlan.is

Accès par le bus 18, depuis Hlemmur. Difficile de manquer cette grosse bulle de verre qui coiffe le sommet de la colline : on la voit de toute la ville ou presque. Les autorités locales ont eu ici la bonne idée de transformer un lieu fonctionnel en site attractif. Cinq énormes réservoirs d'eau chaude (qui alimentent la ville) ont en effet été surmontés d'un dôme de verre, créant un espace unique avec musée, boutique, restaurant, expos. Nos coups de cœur : l'exposition « Wonders of Iceland » qui sensibilise aux ressources naturelles du pays et le planétarium 8k avec projection d'aurores boréales.

PLAGE GÉOTHERMALE (NAUTHÓLSVÍK) ★★

Nauthólsvík
✆ +354 511 6630
nautholsvik.is

Il s'agit d'une belle petite plage de sable jaune (importé du Maroc), aménagée sur Fossvogur et sous la colline où trône Perlan. L'eau est ici à 18-20 °C, celle du mini-bassin à 30-35 °C. De nombreuses activités y sont proposées, à l'instar du beach-volley... Le tout avec une belle vue sur Kópavogur et son étrange église. L'expérience vaut vraiment le déplacement dans ce petit coin retiré de la capitale, surtout en matinée, quand seuls quelques habitants du quartier le fréquentent.

ZOO DE REYKJAVIK ★

Múlavegur 2
✆ +354 411 5900
www.mu.is
postur@husdyragardur.is

N'attendez pas ici un vaste espace peuplé d'espèces exotiques qui s'ennuient, et c'est tant mieux ! Ce petit zoo présente avant tout des espèces locales, sauvages ou domestiques (renards, rennes, chevaux, visons, moutons, phoques), que l'on peut difficilement approcher dans la nature. Modeste et de petite taille, il est idéal pour les familles (qui apprécieront les jeux pour enfants) ou si vous voulez en découvrir plus sur les animaux du pays. Un petit aquarium vous en apprendra aussi plus sur les espèces des côtes islandaises.

Laugavegur et colline d'Hallgrímskirkja ★★★

Voici le troisième grand ensemble de la vieille ville. Il s'étend à l'est de la rue Lækjargata qui longe le lac et court vers le port pour diviser la vieille ville en deux. Jusqu'en 1911, elle était bordée par un ruisseau (lækur) qui rejoignait la mer et marquait jadis la limite de la capitale. A l'est de Lækjargata, un léger relief accueille des bâtiments officiels tandis que des rues commerçantes (Laugavagur) et résidentielles partent à l'assaut d'une colline.

HALLGRIMSKIRKJA ★★★

Skólavörðuholti
✆ +354 510 1000
www.hallgrimskirkja.is
hallgrimskirkja@hallgrimskirkja.is

La fameuse Hallgrimskirkja est l'un des symboles de la capitale islandaise. Point de repère idéal, elle a été construite au sommet d'une colline qui lui sert de piédestal. Elle a pris le nom de Hallgrím Pétursson, le plus grand écrivain islandais du XVIIe siècle, célèbre pour ses *Psaumes de la Passion*. Sa construction a débuté en 1945 au sortir de la guerre, mais elle ne fut achevée qu'en 1974 (à l'exception de la nef achevée en 1986). L'édifice s'inspire de la belle géométrie des orgues basaltiques naturels, fréquents sur les terres volcaniques d'Islande. La blancheur du béton rappelle les glaciers du pays et la neige, si chers à la terre de glace. Tout en pureté, on aime son style épuré et son originalité qui lui confèrent un caractère bien particulier. L'intérieur est on ne peut plus sobre et dénudé. Seules les orgues ne sont pas blancs. Il est même possible de monter tout en haut du clocher pour avoir une vue magnifique sur la ville et les reliefs environnants.
Depuis son pied, vous pourrez ensuite vous diriger vers la promenade en bord de mer ou vers les rues commerçantes.

© JULIANA DE O LIMA – SHUTTERSTOCK.COM

Musée de la sculpture Ásmundur Sveinsson.

Si vous avez une petite faim, n'hésitez pas à faire une halte au Café Loki, l'une de nos adresses préférées de la capitale. Optez pour l'une de leurs assiettes et leur célèbre glace maison délicieuse.

Bon à savoir : la nuit, le vitrail situé au-dessus de la porte d'entrée s'illumine, et donne des airs encore plus mystérieux au lieu. Pour un autre point de vue sur l'église, prenez le petit chemin derrière qui mène à Barónsstígur.

JARDIN BOTANIQUE (GRASAGARÐUR REYKJAVÍKUR) ★

Laugardalur
✆ +354 411 8650
www.grasagardur.is
botgard@reykjavik.is

Malgré sa taille modeste, ce petit havre de verdure créé en 1961 s'avère très intéressant. Autour de quelques plans d'eau, le long d'allées et dans des serres, vous admirerez quelques espèces de la flore locale, divers arbres, des essences médicinales et même quelques plantes exotiques. Soit 5 000 espèces réparties sur 2,5 hectares. Egalement, la présence d'un café, nommé Flora, ouvert en été, du zoo municipal et d'un grand parc pour s'aérer en famille.

MUSÉE DE LA SCULPTURE ÁSMUNDUR SVEINSSON ★

Sigtún
✆ +354 411 6430
www.artmuseum.is
listasafn@reykjavik.is

Ce curieux bâtiment (mi-igloo, mi-maison de Barbapapa) fut construit par l'artiste Ásmundur Sveinsson lui-même, considéré comme le pionnier de la sculpture islandaise. Il abrite ses collections (370 sculptures en bois, plâtre, terre, pierre, métal ou bronze, et quelque 2 000 dessins) et son atelier légué à la ville. La plupart de ses œuvres furent conçues pour les espaces publics, ce qui leur confère un caractère quelque peu utilitaire. Le musée a été récemment rénové.

MUSÉE EINAR JÓNSSON (LISTASAFN EINAR JÓNSSONAR) ★

Eiríksgata 3
✆ +354 551 3797
www.lej.is – lej@lej.is

Le musée est aménagé dans une grande résidence à jardin, à l'ombre d'Hallgrímskirkja, qui appartenait au sculpteur Einar Jónsson, sûrement le plus connu d'Islande. Sur trois étages est dispersée une importante quantité de ses peintures et sculptures. Ses œuvres, aux formes assez modernes, aux contours lisses et épurés, sont fortement inspirées de la mythologie et du folklore islandais, tandis que ses dernières réalisations sont plus symbolistes. Un beau jardin complète la visite.

MUSÉE JÓHANNES S. KJARVAL (KJARVALSSTAÐIR) ★

Flókagata 24
www.artmuseum.is
listasafn@reykjavik.is

Ce musée est consacré aux œuvres de Jóhannes S Kjarval, le peintre le plus populaire en Islande, né en 1885 et pêcheur dans sa jeunesse. Ses collègues, reconnaissant ses talents, organisèrent une loterie afin de payer ses études d'art à l'étranger. Il s'inspire de l'Islande rurale, des paysages exceptionnels de l'île, pour créer des œuvres souvent qualifiées de romantiques, témoignant de l'Islande du début du XXe siècle. Également une salle consacrée à des expositions temporaires.

RUE LAUGAVEGUR ★★

Laugavegur

L'axe a été jadis tracé pour relier le noyau de la capitale à la vallée de Laugardalur où les habitants profitaient des sources d'eau chaude pour laver leurs vêtements. Devenue rue semi-piétonne, elle représente aujourd'hui la principale artère commerçante du centre-ville. Perpétuellement animée, elle attire les badauds grâce à ses innombrables cafés et boutiques. Le week-end, elle est aussi très appréciée des touristes. C'est l'endroit idéal pour

Skolavörðustigur.

acheter des souvenirs de votre voyage et des cadeaux à offrir à vos proches lors de votre retour.

RUES COLORÉES ★★

Njarðagata

La colline de la rive Est du lac Tjörnin est sillonnée par des rues calmes bordées de maisons colorées. Elles sont ici un peu plus grandes, récentes et urbaines que sur l'autre rive. Mais de petits jardins et des barrières en bois rappellent que la campagne n'est pas si loin que ça. Depuis Hallgrímskirkja, vous pouvez redescendre vers le lac en zigzaguant par les rues Njarðagata, Freyjugata ou Bragata. Par Skálholtssigur, vous atteindrez la galerie d'art en passant devant une jolie maison tour. Une belle promenade à faire pour profiter de la ville sans la foule.

SÆBRAUT ★

Cet axe longe le front de mer en pleine transformation. Doublé d'une piste cyclable et piétonne, vous pouvez l'emprunter pour rejoindre le centre depuis Laugardalur. Cela vous permettra d'apprécier la transformation du quartier (immeubles d'habitation, de bureaux) et de vous arrêter au drakkar métallique nommé *Voyageur du soleil,* œuvre de Jón Gunar Árnason. Depuis ce squelette qui brille au moindre rayon de soleil, vous jouissez d'une très belle vue sur les péninsules qui font face à la capitale. Respirez, vous êtes bien en Islande !

SÓLFAR – LE VOYAGEUR DU SOLEIL ★

Cette sculpture est un emblème de la capitale et figure parmi les incontournables à photographier ! *Le Voyageur du Soleil,* en islandais : *Sólfar,* est réalisé en 1990 par Jón Gunnar Árnason. Ce

Le voyageur du soleil.

squelette de métal évoque un bateau viking, qui se dirige vers le soleil. Très prisé des touristes, il faut venir tôt ou tard pour pouvoir le savourer sans personne. La nuit, depuis ce point, vous pourrez aussi apercevoir la lumière de la tour « Imagine Peace » sur l'île de Viðey.

SKOLAVÖRÐUSTIGUR ★

Skólavörðustígur

Cette longue rue en pente relie Laugavegur à l'église Hallgrímskirkja. C'est un axe agréable et coloré, bordé de quelques jolies maisons et de nombreuses galeries d'art. Elle se caractérise par l'arc-en-ciel peint à son entrée sur une large portion de la rue. Initialement produite de façon éphémère à l'occasion de la Reykjavik Pride qui célèbre la communauté LGBTQ, elle a été rendue permanente en 2019. Chaque habitant avait ainsi la possibilité de participer à cette œuvre collective, même le maire a pu ajouter sa couche de peinture !

LE GRAND REYKJAVÍK

La capitale islandaise ne cesse de s'agrandir vers le sud et l'est. Si la crise a ralenti certains chantiers, les grues et les pelleteuses continuent de fonctionner dans certains quartiers. D'anciens villages ont été rattrapés et intégrés à l'agglomération, des villes nouvelles sont nées et naissent encore. Les dernières sont sans doute les plus réussies (ainsi Mosfellsbær), car construites pour être en parfaite harmonie (si cela est possible) avec la nature. Les deux plus grandes villes de banlieue sont Kópavogur et Hafnafjörður, qui comptent chacune quelques points d'intérêt. Plus proche du centre, l'île de Viðey ne doit pas non plus être négligée. Si vous avez le temps, sachez que toute l'agglomération peut être parcourue à vélo ou même à pied, grâce à des chemins et pistes cyclables.

VIÐEY ★★

Cette île, située dans la baie de Reykjavík, est à la fois une réserve ornithologique et un site important de l'histoire locale. Une bonne idée d'excursion estivale donc, d'autant plus que l'île est plate et se parcourt en toute liberté, à pied ou à vélo (à louer sur place).

L'île a très tôt été occupée puisqu'elle était incluse au domaine du premier habitant d'Islande, Ingólfur Arnarson. Par la suite, ce petit bout de terre a accueilli un monastère d'Augustins (de 1226 à 1538). C'est ici que le dernier évêque catholique fit construire un fort (*Virkið*) pour la défendre contre les luthériens danois. Une fois le fort tombé, l'île est revenue à la couronne danoise. L'ancienne résidence des gouverneurs danois, la plus vieille construction de pierre du pays (1755) abrite aujourd'hui un bistrot nommé Viðeyjarstofa. Vous verrez également une église en bois dont la première version date de 1774 et qui attire encore des fidèles le dimanche. Quelques sculptures ont été disposées ça et là à travers l'île, dont *The Imagine Peace Tower* signée Yoko Ono. La côte

Viðey.

n'est pas dénuée d'intérêt : petite falaise, grotte, colonnes basaltiques. Une partie est fermée au public en été pour ne pas déranger les oiseaux qui y nichent.

IMAGINE PEACE TOWER ★

www.imaginepeacetower.com
wish@imaginepeacetower.com
Cette œuvre d'art, conçue par Yoko Ono et située sur la charmante île de Viðey, s'illumine du 9 octobre (date de naissance de John Lennon) au 8 décembre (date de son assassinat), du 21 décembre (solstice d'hiver) au 1er janvier (nouvel an) et du 20 au 27 mars (première semaine du printemps). Sur le parement du monument, le syntagme *Imagine Peace* est traduit en 24 langues. Vous pourrez l'admirer de près en venant sur l'île en bateau de jour ou depuis la promenade de Reykjavík de nuit, si vous avez la chance de venir aux bonnes dates.

KÓPAVOGUR ★

La cité satellite de Kópavogur, au sud du centre-ville se repère facilement grâce à sa curieuse église « coquillage » qui se dresse en haut d'une colline, et embellit le blason de la ville. Kópavogur n'était jadis que collines et pierres. Le premier recensement date de 1703, où Pall Vidalin et Arni Magnusson comptabilisèrent six fermes dans Kópavogur, 29 habitants, plus 8 enfants, 3 laboureurs et 5 individus ne pouvant s'entendre entre eux. Kópavogur fut l'un des principaux lieux où siégea le Parlement, ce dernier résolvant les conflits et donnant des jugements.Certaines sentences ont ainsi abouti sur des peines de mort d'hommes et de noyade de femmes. Ce n'est que vers les années 1940 que la population s'agrandit considérablement. Les années 1950 furent synonymes d'un grand changement, et, de 1970 à 1990, l'ascension du nombre d'habitants s'amplifia par l'intermédiaire de larges chantiers de construction mis en place. Aujourd'hui, la ville compte plusieurs milliers d'habitants et propose un grand nombre d'infrastructures.

ÉGLISE DE KOPAVOGUR ★★

Hamraborg
Kópavogur se repère facilement grâce à cette curieuse église « coquillage » qui se dresse en haut d'une colline, et embellit le blason de la ville. Cette belle église au dos voûté, rivalise avec l'Hallgrimskirkja de Reykjavík. Elle a été construite entre 1958 et 1962. À l'intérieur, on est surpris par de superbes vitraux colorés qui ornent les étroites ouvertures courbées. Ils ont été dessinés par Gerdur Helgadóttir (1928-1975), architecte locale qui a longtemps travaillé en France. Remarquez aussi l'autel très particulier et le discret clocher à l'extérieur.

MUSÉE D'ART DE KOPAVOGUR (GERÐARSAFN) ★★

Hamraborg 4
✆ +354 441 7600
https://gerdarsafn.kopavogur.is/
gerdarsafn@kopavogur.is
Ce musée d'art situé au cœur de la ville est considéré par beaucoup comme l'un des plus beaux du pays. Dédié à l'art contemporain, de nombreux artistes islandais mais aussi étrangers y exposent leurs œuvres. Aussi atypique à l'extérieur que beau à l'intérieur, le lieu fut construit à la mémoire de Gerður Helgadóttir, pionnière en matière de sculpture moderne et de travail sur le verre. Il est idéal pour une visite que vous soyez seul ou en famille.

MUSÉE D'HISTOIRE NATURELLE ★★

Hamraborg 6a
✆ +354 441 7200
www.natkop.kopavogur.is
natkop@kopavogur.is

Ce muséum d'Histoire naturelle dispose de deux belles collections, dont une zoologique avec de beaux coquillages et animaux vivants en Islande, des mammifères mais surtout des oiseaux et des poissons. L'autre, géologique, se focalise sur les différents types de roches présents sur l'île. Ce musée possède le statut de plus important centre de recherches en la matière de toute l'Islande. L'entrée est gratuite, et même s'il est petit, c'est un détour intéressant.

MUSÉE DU DESIGN ET DES ARTS APPLIQUÉS ★

Gardabaer
Garðatorg 1
✆ +354 512 1525
www.honnunarsafn.is
honnunarsafn@honnunarsafn.is

Ce musée, excentré, fera le bonheur des amateurs de design malgré sa petite taille. Est ici présenté le travail des designers islandais du début du XXe siècle à nos jours mais aussi de quelques grands noms scandinaves. Ici, vous pourrez apprécier la créativité nordique, comprendre les évolutions de la mode ou encore celles de l'architecture en Islande. Une agréable petite visite pour égayer sa journée, avec des œuvres inspirées, des croquis, des tableaux d'humeur...

ÁLFTANES ★★

Entre Kópavogur et Hafnafjörður s'étend une longue péninsule en grande partie constituée de prés, marais et lacs. Méconnue des touristes, elle peut pourtant faire l'objet d'une agréable balade. Alftanes se situe à la pointe de l'une des péninsules sur lesquelles s'étend l'agglomération. C'est une petite cité modèle, entourée de toutes parts de lacs, plages et baies. Avant d'entrer dans cette petite zone urbanisée, vous remar-

Vue sur Álftanes.

© FRANS BLOK – SHUTTERSTOCK.COM

Hafnarfjörður.

querez au bout d'un chemin un ensemble de bâtiments d'un blanc étincelant.

Il s'agit de Bessastaðir la résidence présidentielle, qui se compose d'une grosse ferme blanche, d'un manoir et d'une église, d'où l'on jouit d'une vue extraordinaire sur la capitale. Le roi de Norvège a occupé ce lieu dès 1241, puis en 1941, après l'indépendance, l'Etat islandais en a pris possession pour y loger ses présidents. On peut approcher le site mais ne visiter que l'église. Aux abords de la résidence s'étendent une belle zone naturelle et le vaste étang de Bessastaðatjörn, très prisé des oiseaux migrateurs.

BESSASTAÐIR ★

Cet ensemble de bâtiments d'un blanc étincelant est Bessastaðir, la résidence présidentielle, qui se compose d'une grosse ferme blanche, d'un manoir et d'une église, d'où l'on jouit d'une vue extraordinaire sur la capitale. Après l'indépendance, l'Etat islandais en a pris possession pour y loger ses présidents. On peut approcher le site mais ne visiter que l'église. Aux abords de la résidence s'étendent une belle zone naturelle et le vaste étang de Bessastaðatjörn, très prisé des oiseaux migrateurs. Idéal pour faire une halte.

HAFNARFJÖRÐUR ★★

Hafnarfjörður, avec sa population de 25 000 habitants, est la troisième ville d'Islande. Bâtie dans un champ de lave à 10 km au sud de Reykjavik, elle peut constituer une courte mais agréable excursion depuis le centre de la capitale. Car si la ville grandit à vue d'œil, elle conserve encore un charme villageois. Hafnarfjörður, le « port du fjord » doit son nom à son excellent port, fréquenté depuis des siècles. L'endroit fut déjà cité dans le Landnámabók (Livre de la colonisation) et intégré au commerce maritime dès le XIIIe siècle. Au XIVe siècle, les Anglais étaient déjà bien implantés, suivis de près par les Hollandais et les Allemands.

A la suite de conflits sporadiques, les Allemands réussirent finalement à jeter les Anglais dehors et la ligue de la Hanse y établit ses propres comptoirs. Les commerçants hanséatiques restèrent les seuls maîtres jusqu'en 1602, quand le Danemark imposa le monopole sur le commerce avec les Islandais. La pêche a depuis toujours été l'activité principale de la ville, et aujourd'hui encore le port abrite de nombreux bateaux. Cette activité a même influencé les noms de famille des habitants. Une des particularités de la région de Hafnarfjörður réside dans le fait que les enfants portent souvent le nom de leur mère, car le père partait en mer pour de longues périodes, sans retour garanti… Les maisons les plus anciennes sont regroupées au bord du fjord, à l'ouest de Fiskaklettur et au sud d'Óseyri. Aujourd'hui, si le front de mer s'hérisse d'immeubles d'habitation, des maisons typiquement islandaises, habillées de tôle ondulée, continuent à border les petites rues sinueuses de la ville où la lave s'infiltre aux endroits les plus inattendus. Dans la rue Merkurgata, par exemple, la chaussée est fortement rétrécie à cause de la présence d'un rocher de lave habité par le « peuple souterrain ».

CENTRE CULTUREL HAFNARBORG ★

Strandgata 34 ✆ +354 555 5790
www.hafnarborg.is

Le centre culturel Hafnarborg organise des expositions permanentes et temporaires d'artistes islandais et étrangers tout au long de l'année. Régulièrement, vous pourrez aussi assister à des concerts et autres événements culturels. L'entrée étant gratuite, ce serait dommage de ne pas en profiter si vous séjournez dans les environs. L'endroit est aussi très apprécié pour boire une boisson chaude ou se restaurer, avec un rapport qualité-prix imbattable.

MUSÉE HAFNARFJÖRÐUR ★★

Vesturgata 8
✆ +354 585 5780
www.visithafnarfjordur.is
hafnarfjordur@hafnarfjordur.is

Ce musée concernant l'histoire locale est située dans différents bâtiments. Au sein de Pakkhúsið, vous pouvez voir une collection de jouets anciens. Sivertsenhúsið (Vesturgata 6) est la plus vieille maison de Hafnarfjörður (1803). Elle a appartenu à Bjarni Sívertsen, surnommé le « chevalier » ou le « père de Hafnarfjörður ». Restaurée, elle présente un bon exemple de l'habitation bourgeoise du XIXe siècle. Enfin à Siggubær (Kirkjuvegur 10) se trouve la maison typique d'une famille de pêcheurs islandais au XXe siècle. Parcourez aussi le jardin de bonsaïs à côté.

LA PÉNINSULE DE REYKJANES

La péninsule de Reykjanes, au sud-ouest de l'Islande, sera sans doute votre premier et dernier contact avec le pays, puisque c'est ici, à Keflavik, que se trouve l'aéroport international. Proche de la capitale et riche de plusieurs sites d'intérêt, cette région très particulière est avant tout considérée comme une destination propice aux excursions. Les touristes y séjournent donc peu, mais sont de plus en plus nombreux à y passer quelques heures. Libre à vous d'y consacrer plus de temps et de rester la nuit. Vous êtes ici au cœur d'une zone d'activité géothermique importante, que les visiteurs découvrent souvent à travers le fameux Blue Lagoon, à juste titre un *must* du tourisme local. Bien d'autres lieux méritent votre attention comme Krísuvík (sources chaudes et mares de boue bouillonnantes) ou les villes côtières de Keflavik (le pôle principal de la région) ou Grindavik, lieux majeurs de l'histoire maritime locale. Les paysages variés marquent par leur incroyable noirceur : champs de lave figée, falaises côtières peuplées d'oiseaux, plages de sable et même un pont entre deux continents. C'est dans ce coin du pays que le volcan Fagradalsfjall est entré en éruption en mars 2021. Une éruption de plus de six mois qui fut la plus longue depuis plus d'un demi-siècle.

VOGAR

Longer la côte alentour pour admirer la jolie petite église de Kálfatjörn, construite en 1891 et considérée comme la plus grande église rurale du pays. A voir aussi les falaises de Vogastapi ou les restes d'un ancien enclos de pierres, à Staðarborg, préservé depuis 1951 et large de 8 m.

KEFLAVÍK

Keflavik fait partie de l'agglomération de Reykjanesbær, la plus importante de la péninsule. La plupart des services et industries se concentrent ici. Au nord, autour du port, le petit centre-ville est animé par des boutiques et coloré par de jolies petites maisons en bois ou en tôle. Au sud, de vastes banlieues entourent des grandes surfaces et d'innombrables *drive-in*, rappelant la présence de nombreux soldats américains jusqu'en 2006. L'ensemble de tristes bâtiments formant l'ancienne base est aujourd'hui devenu une zone résidentielle et hôtelière.

GARÐUR ★

Cette calme petite communauté occupe la pointe nord-ouest de la péninsule, une position stratégique qui explique la présence de deux phares exposés aux vents.

GARÐSKAGI ★

La pointe la plus reculée de la péninsule où se trouvent 2 phares. Le plus ancien fut construit en 1897 et resta en fonction jusqu'en 1944, date à laquelle il fut remplacé par le phare voisin, plus moderne. Garðskagi est apprécié par les ornithologues qui regardent passer les oiseaux migrateurs, le vieux phare est un poste d'observation prisé. D'ici, vous apercevrez la capitale l'autre côté de la baie, voire par beau temps, le mont Snaefell situé beaucoup plus loin. Petit café installé dans le plus vieux phare. Vous pouvez aussi grimper en haut de ce dernier.

SANDGERÐI

Cette petite bourgade née avec l'activité de la pêche est située sur la côte ouest de la péninsule. L'intérêt du lieu est la beauté de cette bande côtière qui accueille plus de 150 espèces d'oiseaux. Ainsi que l'activité du port aux dimensions assez impressionnantes pour une si petite localité.

Dans une longue et basse bâtisse, une exposition permet d'en apprendre beaucoup plus sur la faune locale. A 7 km dans la même direction, vous verrez les ruines du village de pêcheur de Bárstendar, détruit par une tempête à la fin du XVIIIe siècle.

BLUE LAGOON ★★★★

« Les Champs Noirs » constituent une zone thermale à haute température. L'usine géothermique à côté de la piscine fournit le district de Reykjavík en eau chaude naturelle. L'excédent de cette eau se déverse dans un lagon. Ici « usine » veut seulement dire « captation d'eau chaude » et n'implique aucunement une quelconque activité polluante.

BLUE LAGOON ★★★★
Norðurljósavegur 9
Svartsengi
✆ +354 420 8800
www.bluelagoon.com
contact@bluelagoon.com
Suivez la route 43 qui mène à Grindavík depuis la voie rapide Reykjavík-Keflavík.
Un incontournable pour une première visite ! On vous propose ici de vous immerger dans une eau chaude (38 °C en moyenne), laiteuse et riche en minéraux qui jaillit des entrailles de la Terre. Entre roches volcaniques noires, volutes de fumées blanches, reflets d'aluminium de l'usine géothermique, le plaisir pour les yeux et pour le corps est immense. L'accès à ce superbe site est aisé : suivez la route 43 qui mène à Grindavík depuis la voie rapide Reykjavík-Keflavík.

L'endroit, bien que très convoité des voyageurs du monde entier, offre suffisamment d'espace pour se ne pas se sentir trop à l'étroit. L'immense piscine est bordée à certains endroits par des pierres volcaniques recouvertes de lichen (ou de neige selon l'époque). On peut aussi commander un verre au bar à moitié immergé, ou se couvrir le visage d'un masque de silice au *mud bar* (bar à boue), pour revitaliser la peau. Une petite grotte en pierre volcanique et des cascades artificielles font partie du décor.

Attention : la silice qui se trouve dans cette eau peut faire des ravages sur les bijoux en argent. Prenez-soin de les enlever. De plus, évitez de plonger la tête dans l'eau : vos cheveux deviendront vite de la paille de fer et auront besoin de plusieurs shampoings pour retrouver leur vitalité.

Deux hôtels sont localisés *in situ* : le Silica, qui est environné par la lave et possède son propre lagon (chambre à partir de 65 430 Kr), et le très *select* Retreat, dont les suites jouissent de leur propre plan d'eau chaude (suite à partir de 140 820 Kr).

GRINDAVÍK ★

Grindavík est le seul village de la côte sud de la péninsule. Il est dominé par le mont Þorbjarnarfell, un volcan actif qui le sépare de la zone du Blue Lagoon. C'est une agréable petite ville plate, où les maisons individuelles colorées s'alignent sagement. Outre l'agréable atmosphère qui règne ici, la principale raison de s'y rendre est le musée du poisson salé.

LE SUD DE LA PÉNINSULE ★★

La route 427, qui relie Grindavík à Þorlákshöfn, permet de découvrir la désertique partie méridionale de la

© CAMILLE ESMIEU

Thorli Beach, la plage des surfeurs.

péninsule. La route 42, à 22 km à l'est de Grindavík, relie l'agglomération reykjavikoise avec ce pittoresque axe côtier.

FALAISES DE REYKJANESVITI ★

Dans une atmosphère de bout du monde, déambulez le long d'une côte de roche volcanique déchiquetée, que survolent de nombreux oiseaux de mer en été. Au large et par temps clair, vous apercevrez peut-être l'île d'Eldey, qui abrite la plus grande colonie au monde de fous de Bassan (70 000 !). Prenez garde sur le bord des falaises, qui peut être glissant et dangereux, surtout quand le vent souffle.
Accès par la route 425, à une quinzaine de kilomètres à l'ouest de Grindavík.

SELATANGAR ★

Vous êtes ici au bout de la péninsule, mais on s'y sent comme au bout du monde. Au bout de la piste, garez votre véhicule sur le petit parking de terre et poursuivez à pied jusqu'à la petite plage en demi-lune de sable noir, battue par des vagues pouvant être impressionnantes en cas de vent violent. Vous pourrez aussi y voir les vestiges d'un ancien village de pêcheurs, dont on dit qu'il est hanté. Un petit moment de solitude, loin de tout. Accès recommandé en 4x4 par la route 427, à une quinzaine de kilomètres à l'est de Grindavík.

ÞORLAKSHÖFN

Ce petit port (1 500 ha) à l'embouchure de la rivière Ölfusá, situé à une quinzaine de kilomètres au sud-ouest de Selfoss était jusqu'au début 2010 le lieu de départ des ferries vers les îles Vestmann (Vestmannaeyjar). Sans cette activité la ville, éloignée de la route n° 1, risque de devenir un peu léthargique et moins digne d'intérêt pour les touristes. Sachez que vous pouvez camper en été près du terrain de sport et que vous trouverez une poste, quelques cafés où vous restaurer, un distributeur de monnaie, une station-service et une pharmacie.

LE SUD-OUEST

Le Sud-Ouest de l'Islande est une bande côtière de champs de pâture verdoyants entre glaciers étincelants et falaises investies par des milliers d'oiseaux de mer. Ces paysages variés sont agrémentés de champs de lave, de chutes spectaculaires, de sources chaudes, de sables volcaniques noirs et de vestiges historiques majeurs. Ils s'étirent de la zone géothermique de Geysir à l'ouest jusqu'au glacier du Vatnajökull à l'est. Cette bande côtière du sud-ouest est le grenier à foin de l'Islande. Les prés s'étendent à perte de vue, sur un horizon aussi vaste et plat qu'une toile de cinémascope. L'archipel des Vestmann propose un vrai concentré d'Islande, à ne pas manquer.

LE GOLDEN CIRCLE (CERCLE D'OR)

Ce nom de Golden Circle désigne la route qui, au départ de Reykjavik, permet de visiter Þingvellir, Geysir et Gullfoss, les trois sites parmi les plus connus et les plus populaires d'Islande. De nombreux tours opérateurs proposent cette excursion à la journée ou à la demi-journée, mais il est tout à fait possible de vous y rendre également par vos propres moyens, la route étant très bonne et pour la grande majorité goudronnée. Cette boucle fait environ 300 km.

© AUTHOR'S IMAGE

Parc national de Þingvellir.

ÞINGVELLIR ★★★

C'est l'un des sites les plus extraordinaires du pays, combinant beautés naturelles et intérêt historique – classé bien-sûr par l'Unesco. Ici, un site grandiose met en scène un édifice aussi petit que symbolique. Des failles, toutes parallèles, suivent l'axe sud-ouest et nord-est, direction qui est celle du rift où l'écorce terrestre se partage, marquant la séparation des plaques tectoniques de l'Europe et de l'Amérique du Nord. Þingvellir se trouve au nord de Þingvallavatn, le plus grand lac d'Islande, (83 km² et 114 m de profondeur), formé par un effondrement du sol provoqué par la dérive des continents. La nature environnante est exquise avec une végétation variée, bien que clairsemée, protégée au sein du premier parc national islandais (1928).

Le Sud-Ouest

REYKJAVIK
Hvalfjörður
Esja 918 m.
1095 m.
Parc régional
801 m.
Þingvellir
Geysir
Gullfoss
Hvítá
Laugarvatn
Mt. Hengil 803 m.
Þingvallavatn
Apavatn
Reykholt
Skálholt
Laugaras
Kerid
Bláfjoll 686 m.
Hveragerdi
Selfoss
Ölfusa
Þórlákshöfn
Stokkseyri
Þjórsa
Fjórsá
Hólsá
Hella
Oddi
Hvolsvöllur
Seljalandsfoss
Þorsmörk
Hekla 1491 m.
1230 m.
1089 m.
1082 m.
1192 m.
Friöland aö fjallabaki
Landmannalaugar
TORFAJÖKULL
TINDFJALLAJÖKULL
1462 m.
EYJAFJALLAJÖKULL
1666 m.
MYRDALSJÖKULL
1450 m.
Skogafoss
Skogar
Vik
Dyrhólaey
Mynarfangi
Kúöafljót
Kirkjubæjarklaustur
Systra Stapi
Cratères du La
Skaftá
Langisjór
925 m.
Þórisvatn
VATNAJÖKULL
Parc national de Vatnajökull
OCÉAN ATLANTIQUE
Îles Vestmannaeyjar
N
0
15 km
30 km
1
36
48
365
35
37
360
a35
26
32
30
39
38
42
41
34
33
261
249
F225
208
F208
206
204
211

Randonnées. Les chemins longent les failles et les cascades et convergent également vers Skógarkot, au centre du parc avant de rejoindre le lac. Si le lac abrite de nombreux oiseaux d'eau, c'est dans les failles que l'on peut avoir la chance d'observer le lagopède alpin, oiseau farouche, absolument silencieux et camouflé par son plumage. Ne pas manquer Oxarárfoss, belle chute d'eau qui se jette de la haute muraille naturelle de l'Almannagjá, la « gorge des anciens ». La rivière Öxará se déverse dans le lac Þingvallavatn en passant par un bassin profond dans lequel, au Moyen Âge, on noyait sorcières et femmes infidèles. D'autres torrents d'une eau claire et glacée coulent dans les fissures de la plaine, comme le ravin Flosagjá, a côté de l'église de Þingvellir.

ALMANNAGJÁ ★★

Il n'y a qu'en Islande pour se trouver sur deux continents en même temps ! La plus importante et célèbre faille tectonique de ce site rappelle que l'Islande se trouve à la jonction des plaques eurasiatique et nord-américaine. Elle fait 7,7 km de long et constitue l'une des attractions majeures des lieux. Nous vous conseillons de grimper au sommet de la faille de l'Almannagjá, d'où vous pourrez admirer un panorama aux contrastes surprenants. De là, vous pourrez rejoindre la rivière Öxará et vous rendre jusqu'à la cascade Öxarárfoss.

ALTHING ★★

De 930 à la fin du XVIIIe siècle, l'Althing (« assemblée plénière ») se réunissait deux semaines par an à Þingvellir. Ce parlement à ciel ouvert promulguait des lois, conçues comme une sorte de contrat social entre hommes libres, et apaisait les discordes. Les prérogatives législatives de l'Althing furent graduellement rognées à compter du milieu XVIIe siècle et l'Althing fut transféré à Reykjavík à la fin du siècle suivant. Pourtant, Þingvellir a gardé son aura, et est encore considéré de beaucoup comme le lieu de l'âme et de l'esprit de la nation islandaise.

Almannagjá.

ÖXARÁRFOSS ★★

Lors de votre passage à Þingvellir, ne manquez pas Öxarárfoss, à une dizaine de minutes à pied du parking en suivant les panneaux. Cette belle chute d'eau se jette de la haute muraille naturelle de l'Almannagjá, la « gorge des anciens ». La rivière Öxará se déverse dans le lac Þingvallavatn en passant par un bassin profond dans lequel, au Moyen Âge, on noyait sorcières et femmes infidèles. D'autres torrents aux eaux claires et glacées coulent dans les fissures de la plaine, comme le ravin Flosagjá, à côté de l'église de Þingvellir.

ÞINGVALLAVATN ★★

Le lac de la plaine du parlement est le plus grand lac d'Islande (84 km²), et une merveille à admirer. Sa profondeur maximale est de 114 m. Sur ses rives et dans ses eaux, 150 types de plantes et 50 espèces d'invertébrés peuvent être observés. Parmi les poissons citons l'omble chevalier, la truite ou l'épinoche. Le garrot d'Islande, l'arlequin plongeur ou le plongeon huard sont quelques-uns des oiseaux aquatiques visibles sur le lac. Le vison, introduit en Islande pour sa fourrure en 1931, prospère également aux abords du Thingvallavatn.

GEYSIR ★★★

Le site de Geysir est un arrêt incontournable pour tout voyageur qui découvre l'Islande. C'est un site mondialement connu et il le vaut bien ! Il réunit sur un espace restreint (500 m de longueur et 100 m de largeur) de nombreux phénomènes géothermiques époustouflants !

SITE DE GEYSIR ★★★

Sur le site de Geysir, vous pourrez retrouver des phénomènes géothermiques impressionnants. Le Strokkur, d'abord, un geyser qui jaillit en moyenne toutes les 5 minutes, dont l'eau bleue s'élève jusqu'à une hauteur de 25 à 30 m. À côté se trouve Geysir, qui a donné son nom au site, aujourd'hui inactif bien qu'il soit exceptionnellement activé lors de tremblements de terre importants. Un peu plus haut enfin, Blesi, la « flamme », deux bassins communicants : l'eau du plus petit est d'un bleu profond, intense, et contraste avec le second bassin, plus limpide.

Le mot Geysir vient du verbe islandais gjósa signifiant « jaillir ».

GULLFOSS ★★★

Gullfoss, la « chute d'or », est l'un des plus importants sites touristiques d'Islande. Ces doubles chutes bouillonnantes, qui forment une immense cataracte, offrent un spectacle majestueux en se jetant par-dessus la faille d'un profond canyon (70 m de profondeur).

La chute déverse des centaines de tonnes d'une eau boueuse de 32 m de hauteur sur la rivière Hvítá, qui prend sa source dans la calotte glaciaire du Langjökull, masse blanche qu'on aperçoit au loin de Gullfoss. Dès qu'il y a un rayon de soleil, ces brumes de vapeurs se parent de multiples arcs-en-ciel. C'est puissant et impressionnant !

THE SECRET LAGOON ★★
Flúðir
Hvammsvegur
✆ +354 555 3351
www.secretlagoon.is
info@secretlagoon.is

Souvent comparé au célèbre Blue Lagoon, le Secret Lagoon (ou Gamla Laugin) est en effet une véritable pépite, souvent apprécié pour son côté moins touristique. Plus simple, mais tout aussi beau avec son cadre très nature. Cette petite lagune cachée dans un cadre magique avec une eau avoisinant les 38-40 °C est idéale pour terminer son périple dans le Cercle d'Or ou venir observer les aurores boréales en hiver. Le site est localisé à Fluðir, à environ 30 km au sud de Gullfoss sur la route 30. Pensez à réserver, l'endroit est très prisé !

LE LONG DE LA CÔTE

LAUGARVATN ★

Laugarvatn, le « lac chaud ». Dans ce site géothermique, repérable de loin par une fumée blanche, on peut, comme son nom l'indique, goûter aux joies des bains chauds en plein air. Le lieu est soit très animé par les lycéens et les touristes, soit quasi désertique. Un sauna naturel a été construit à l'emplacement d'une

Laugarvatn.

Les bananes poussent grâce à la géothermie à Hveragerði.

source chaude, Vígðalaug, la « source sacrée ». Jadis, cette source servait de fonts baptismaux, puisque cette eau tiède était bien plus agréable que l'eau glaciale du lac Þingvallavatn. Un certain nombre de païens y furent baptisés après l'adoption du christianisme par l'Alfling en l'an mille. La légende raconte aussi qu'après l'exécution de Jón Arason, dernier évêque catholique d'Islande, et de ses deux fils, leurs corps furent lavés dans la source chaude de Vigðalaug avant d'être rapatriés dans le nord pour y être enterrés.

HVERAGERÐI ★★

Petite ville de 2 270 habitants, située dans une zone d'activité géothermique intense, à l'extrémité sud de la zone volcanique de la péninsule de Reykjanes. La maîtrise de l'énergie géothermale a permis d'y développer la culture sous serre, chauffée par les vapeurs d'eau chaude. Si vous avez un jour joué au Trivial Pursuit, souvenez-vous de la question : « Quel est le plus gros producteur de bananes d'Europe ? ». La réponse était « Islande », grâce à ses serres de Hveragerði (même si les Antilles et les Canaries en produisent sans doute plus).

Cette zone volcanique est la face visible de la faille qui passe au milieu de l'océan Atlantique. Les nombreuses sources chaudes nous rappellent combien les forces telluriques sont présentes sous nos pieds. En effet, ce sont ces poches de magma sous terre qui sont à l'origine des phénomènes géothermiques (geysers, solfatares, sources chaudes et marmites de boue bouillonnantes).

EXPOSITION TREMBLEMENT DE TERRE 2008 ★

Sunnumörk 2
✆ +354 483 4601
www.hveragerdi.is
grunnskoli@hveragerdi.is

Le 29 mai 2008, un tremblement d'une magnitude de 6,3 sur l'échelle de Richter se produisait en ville et transformait l'aspect de Hveragerði déjà sujet à des bouleversements. L'exposition essaie de retranscrire ce que les gens ont pu vivre, notamment grâce à un simulateur ! Le tremblement de terre a également provoqué l'apparition d'une nouvelle source chaude sur la colline surplombant la ville, un spectacle à ne pas rater. Renseignements auprès du musée ou de l'office de tourisme.

GEOTHERMAL ENERGY EXHIBITION ⭐

Centrale géothermique
de Hellisheiði
Hellisheiðarvirkjun 801
✆ +354 591 2880
www.geothermalexhibition.com
exhibition@on.is

Découvrez comment une centrale électrique fonctionne avec l'énergie géothermique, et comment la géothermie en règle générale peut contribuer au développement national. L'exposition est présentée par le biais d'installations multimédias interactives et d'expositions murales. Elle permet aux visiteurs d'examiner l'utilisation de l'énergie géothermique de l'Islande à travers des démonstrations du fonctionnement de turbines et autres outils. Boutique et café disponibles sur place.

MANNDRÁPSHVER ⭐

Manndrápshver est une source chaude célèbre surnommée la « tueuse d'hommes ». En 1906, pendant une nuit noire, lors d'une tempête de neige, trois voyageurs s'égarent et errent dans ces champs géothermiques. L'un d'eux trébuche et traverse la mince croûte terrestre de cette source bouillonnante. Suite à cet événement tragique, l'éclairage de rues fut mis en place à Hveragerði, le tout premier en Islande. Comme tout site géothermal en Islande, suivez les sentiers balisés et n'en sortez pas ! Même si les lieux sont plutôt sûrs, un accident est vite arrivé.

Parc géothermique.

PARC GÉOTHERMIQUE ★★

Hveramörk 13 ✆ +354 483 4601
www.hveragerdi.is
tourinfo@hveragerdi.is
La zone géothermique du mont Hengill à Hveragerði date de plusieurs centaines de milliers d'années. Au départ, la géothermie n'était utilisée que pour faire cuire du pain dans la terre chaude et laver le linge. La première tentative pour domestiquer l'énergie géothermique fut effectuée en 1928, mais ce n'est qu'en 1940 que fut réalisé le premier forage ayant le projet d'utiliser la vapeur pour chauffer les serres de la ferme Fagrihvammur. Vous verrez dans ce site de nombreux phénomènes géothermiques : soufre, boue bouillonnante, geyser...

SELFOSS ★

Cette ville de près de 7 000 habitants doit son nom aux rapides de la rivière Ölfusá au bord de laquelle elle est située. Au départ, Selfoss n'était qu'un lieu-dit composé d'une seule ferme isolée. Le premier pont construit sur l'impétueuse Ölfusá, en 1891, ouvrit la région au commerce et au monde extérieur. Devenue centre administratif de l'Islande du Sud, la petite ville s'est développée principalement grâce à l'agriculture et aux grasses terres environnantes. Selfoss est la seule grande ville d'Islande qui ne soit pas un port.

STOKKSEYRI ★

Petit port de 445 habitants, le village fut jadis un important lieu de pêche, peu à peu remplacé par le tourisme. On y trouve une belle et agréable plage de sable noir ainsi que quelques curiosités.

THE GHOST CENTER AND A MUSEUM OF ICELANDIC WONDERS ★

Hafnargata 9
✆ +354 854 4510
www.icelandicwonders.is
L'Islande est une terre de légendes et d'histoires à raconter autour du feu toutes plus folles les unes que les autres. Muni d'un lecteur MP3 vous déambulez dans de sombres couloirs pour écouter des histoires effrayantes. À peu près 40 minutes de frissons garantis pour ceux qui se laisseront prendre au jeu. Les autres en apprendront toujours un peu plus sur le folklore islandais qui se poursuit par l'évocation des elfes et des trolls que l'on aime tant ici croire réels.

HELLA

Petite ville de 760 habitants, qui offre services et activités variées. Au sud de la ville, une rangée d'antennes a été érigée afin d'étudier l'énergie électrique dans la haute atmosphère, à l'origine du phénomène naturel des aurores boréales. Les nombreuses fermes environnantes élèvent ovins et chevaux, ces derniers pouvant souvent être loués pour découvrir la région. Immédiatement au nord de Hella, au lieu-dit de Keldur, on peut voir un ancien parc de triage de moutons en pierre volcanique. Un peu plus loin, un autre parc à moutons sert toujours à l'automne après le grand rassemblement des ovins qui ont passé l'été sur les pâturages dans le Landmannalaugar. Keldur est d'ailleurs un site historique important. Le musée national d'Islande a effectué des fouilles de la ferme de tourbe, et une partie date du XIIe siècle.

KELDUR

À 20 km au nord-est d'Hella, au lieu-dit Keldur, situé au début de la Fjallbaksleið Syðri, on peut voir un ancien parc de triage de moutons en pierre volcanique. Un peu plus loin, un autre parc à moutons sert toujours à l'automne après le grand rassemblement des ovins qui ont passé l'été sur les pâturages dans le Landmannalaugar. Keldur est d'ailleurs un site historique important. Le musée national d'Islande a effectué des fouilles de la ferme de tourbe, et une partie date du XIIe siècle. Un beau détour à faire sur la route si vous en avez la possibilité.

HVOLSVÖLLUR

La région de Hvolsvöllur est surtout réputée pour avoir été le cadre d'une des plus célèbres sagas islandaises, la Saga de Njáll le Brûlé. Cette saga est un véritable chef-d'œuvre, envoûtant par sa perfection littéraire, sa complexité et par l'éclairage qu'elle jette sur le thème du destin. Face au destin, les héros montrent une hauteur d'âme à toute épreuve, impassible, hautaine et presque glaciale. Ces bóndi (paysans) et ces godars (chefs prêtres), ces femmes belles et violentes, cultivent un sens de l'honneur qui les apparente aux chevaliers. C'est là que se trouve l'Eystri-Rangá, l'une des meilleures rivières à saumon du pays. Les fermes de Hlíðarendi et de Bergsthórshvoll sont de véritables sites historiques.

FERME BERGÞÓRSHVOLL

Route 252

C'est dans cette ferme située à proximité de la route 1 que Njáll vivait avec sa femme et ses enfants. C'est également ici que se déroula l'action dramatique de la saga, où Njáll, sa famille et ses serviteurs furent brûlés vifs en 1011 par un clan ennemi. Seul le beau-fils de Njáll, Kári Sólmundarson, put s'échapper de l'incendie. Sa vengeance forme le thème principal de la dernière partie de cette saga fleuve. Des vestiges des

Hvolsvöllur.

fondations sont toujours visibles sur la ferme actuellement appelée Línakrar, ou les « champs de lin ».

GLUGGAFOSS ★

Au croisement entre la route 261 et la route 250 qui repique vers la côte. Jolie petite chute d'eau délaissée des visiteurs (en général). Comme sa grande sœur Seljalandsfoss, elle a cette particularité d'abriter une petite cavité derrière son rideau d'eau qui permet de voir la chute de derrière. Attention le petit chemin peut être très glissant. A 500 mètres à l'ouest de cette cascade encadrée de parois de basalte, palagonite et tuf, s'en trouve une autre, Drifandi. Au pied de cette dernière a été aménagée une très agréable aire de pique-nique au milieu de laquelle trône le buste du poète local Thorsteinn Erlingsson (1858-1914).

HLIÐARENDI ★

Route 261

C'était ici, à Fljótshlið, que Gunnar Hámundarson de Hlíðarendi avait sa ferme, l'un des personnages les plus importants de la Saga de Njáll. Selon la tradition, à l'époque, il fut enterré sous un grand tertre dans un pré au nord de la ferme, le Gunnarshaugar. Ce sont des terres herbeuses, sur le flanc nord de la Fljótsdalur, une large vallée d'alluvions noires où serpentent les multiples ramifications de la rivière Markarfljót. Cette rivière, alimentée par le glacier Mýrdalsjökull, vient de Þórsmörk. Une église construite en 1897 se trouve sur place.

ICELANDIC SAGA CENTRE ★★

Hlidarvegur 14
✆ +354 487 8781
www.njala.is
njala@njala.is

Ce centre d'exposition sur l'époque viking, et la *Saga de Njáll le Brûlé*, joue également un rôle important pour le tourisme de la ville. Sur la petite brochure de ce centre, une carte schématique situe les lieux historiques de la saga ainsi que la ferme Bergsthórshvoll où Njáll fut brûlé vivant avec sa famille ainsi que Hliðarendi, la ferme de Gunnar. L'expérience est intéressante pour découvrir les Sagas islandaises sous un autre regard et vivre un moment ludique. Une petite boutique permet de rapporter un petit souvenir de cette visite pour les enfants .

ÎLES VESTMANNAEYJAR ★★

L'archipel des Vestmannaeyjar – qui compte 15 îles et une trentaine d'îlots – est situé à seulement 11 km de la côte sud. La plus grande de ces îles, Heimaey, est la seule à être habitée. S'y rendre permet d'apprécier, sur un espace réduit, un vrai petit concentré d'Islande : volcans, mer, falaises, oiseaux. Ce n'est pas une île déserte : une grande partie de son espace est occupée par Heimaey, une ville importante à l'échelle islandaise (4 100 habitants), et un port de pêche de première importance. L'histoire des îles Vestmannaeyjar est tourmentée et dramatique. Le nom, littéralement les « îles des gens de l'Ouest », tire son origine du début de la colonisation au IXe siècle. L'île principale fut habitée au départ par des esclaves irlandais appartenant à Hjörleifur. Après avoir assassiné leur maître, les esclaves s'enfuirent dans ces îles accidentées au sud de Vík, pensant trouver un refuge sûr. Peu de temps après, Arnarson les retrouve et les tue tous afin de ramener les femmes et les enfants que les esclaves avaient pris en otage.

Les Irlandais étaient à l'époque appelés « hommes de l'Ouest » par les Vikings, d'où le nom Vestmannaeyjar, « îles des hommes de l'Ouest ». Un autre événement sinistre eut lieu le 16 juillet 1627, une attaque appelée le « raid des Turcs ». Des pirates en provenance d'Alger et Salé (Maroc) débarquèrent à l'actuelle pointe des Pirates, puis assaillirent la population de cette petite île. Heimaey fut mise à sac. Les pirates capturèrent 242 habitants et tuèrent les autres. Par la suite, un fort, le Skansinn fut érigé pour protéger le village d'autres raids du même genre. Afin de payer le rachat des captifs en Algérie, une collecte d'argent fut entreprise au Danemark, l'Islande faisant partie du royaume. En 1637, quelques rescapés purent retourner en Islande, après dix années d'esclavage. Le personnage le plus célèbre de ces captifs était une femme, Guðriður Símonardóttir, connue sous le nom de « Gudda des Turcs », qui, après son retour en Islande, se marie avec Jónas Hallgrímsson, ecclésiastique et grand poète, auteur de l'hymne national islandais. En janvier 1973, une importante éruption se produisit sur la petite île et y détruisit un tiers des maisons, englouties sous une coulée de lave. Une fissure s'ouvrit sur le vieux volcan Helgafell (mont saint) et un second volcan baptisé Kirkjufell, le « mont de l'église » ou encore Eldfell (mont de feu), naquit à côté du premier. Cette catastrophe naturelle fut l'occasion d'une formi-dable démonstration de solidarité nationale pour évacuer les habitants et leurs biens. Par chance, presque tous les bateaux d'Heimæy purent servir à l'évacuation. Afin d'éviter que la coulée de lave ne bloque l'accès à l'île en bouchant l'entrée de son port naturel, on stoppe son avancée en l'arrosant de milliers de tonnes d'eau de mer… avec succès, puisque aujourd'hui le port est mieux protégé que jamais, avec ses digues « naturelles ». Un an après l'éruption, qui prit fin en juin 1973, presque tous les habitants étaient de retour sur leur île… désormais plus grande. Surtsey est l'île la plus méridionale de l'archipel et la deuxième par sa superficie. Elle est née en 1963 d'une éruption sous-marine lors de laquelle le contact de l'eau et du feu avait donné lieu à une colonne de fumée de 8 000 m de haut. L'île est une réserve naturelle et son accès est strictement limité aux scientifiques. Ils y étudient le développement de la flore et de la faune sur une des terres les plus jeunes de la planète.La petite ville est bien agréable, autour de son port presque fermé. On se promène dans les rues tranquilles, on regarde l'activité des pêcheurs. En plus des musées, vous pourrez aussi vous rendre aux ruines de Skansinn, à l'est du port. C'est un fort anglais du XVe siècle à côté duquel la lave a stoppé sa progression. A voir aussi (au bout de la rue Skólavegur) Stafkirkjan, la réplique d'une belle église norvégienne médiévale, en bois, construite en 2000.

Marche dans les volcans et le long de la côte. L'île est petite et il est très agréable de la sillonner sans but précis, sans obstacle, pour admirer la côte et les volcans. Un chemin fait le tour de l'île, de la ville jusqu'à la petite péninsule du sud : Storhöfði. Le relief de 122 m à cet endroit offre de jolis points de vue. Aujourd'hui encore, la ville se chauffe grâce à la lave de 1973. Les volcans, cônes rouges et nus, sont très proches de la ville.

On peut monter au sommet de l'Helgafell (226 m) par le versant ouest et admirer les volcans alentour. Et des chemins permettent de sillonner la partie de l'île agrandie en 1973. Balade dans les récents champs de lave où l'on voit encore quelques maisons ensevelies. Vue jusqu'au continent et le glacier Vatnajökull.

MUSÉE FOLKLORIQUE (BYGGĐASAFN) ★

Kirkjuvegur
✆ +354 488 0109
sagnheimar@sagnheimar.is
Ce musée folklorique ne date que de quelques années, mais il constitue une visite intéressante pour rendre votre séjour plus ludique. Ici, on trouve des expositions sur différents aspects de l'île (raid des Turcs en 1627, éruption volcanique de 1973, exploits sportifs du club de football local...), mais aussi pour comprendre la vie des pêcheurs en Islande. Les informations du personnel sont une mine d'or, et l'endroit fera le bonheur des enfants.

SKÓGAR ★★

Skógar est un petit hameau où l'on peut passer quelques heures à admirer la superbe chute d'eau de Skógafoss, visiter le musée folklorique (un des plus intéressants du pays).

MUSÉE FOLKLORIQUE (BYGGĐASAFNIĐ IN SKÓGAR) ★★

Skogasafn 1
✆ +354 487 8845
www.skogasafn.is
booking@skogasafn.is
Mention spéciale pour cet écomusée aux allures de brocante qui fait revivre les traditions islandaises. Le musée réunit plusieurs salles sur différents bâtiments, évoquant la vie en Islande à travers différentes thématiques (pêche, agriculture, éducation, musique...) puis présente plusieurs maisons basses aux toits de tourbe, telles qu'elles se construisaient jusqu'au XIXe siècle. Enfin, une section a été ajoutée sur les transports et la communication. Boutique et café sur place.

VISITE

© ALEKPODREZ – SHUTTERSTOCK.COM

Musée Folklorique.

PISCINE SELJAVELLIR ★★

Route 242, 8 km à l'ouest de Skogar

C'est un lieu comme on en trouve uniquement en Islande, une piscine, une vraie, construite dans la montagne en 1923 en utilisant les eaux chaudes naturelles du lieu. Pour s'y rendre, suivez la route 1 puis prenez la route 242 en direction de Raufarfell jusqu'au bout. Du parking la piscine se trouve à environ 20 minutes à pied. Et quand on dit piscine, on parle surtout d'un bain avec de l'eau chauffée naturellement dedans ! Le confort est plus que sommaire, tout juste un cabanon pour se changer mais on vient surtout ici pour se retrouver en pleine nature.

SELJALANDSFOSS ★★★

Route 249

A environ 28 km à l'ouest de Skogar. Cette belle chute d'eau, visible depuis la route n°1, qui tombe à pic à plus de 65 mètres a la particularité de laisser le visiteur passer derrière admirant ainsi plusieurs points de vue différents. Attention, on se fait très facilement mouiller, voire tremper ! Par beau temps, un arc-en-ciel vient s'élever devant la chute. N'hésitez pas à vous rendre au camping par le chemin aménagé car c'est derrière cette aire engazonnée que cascade, dans un chasme couvert de mousses, la superbe Gljufurarfos. Un lieu véritablement magique, surtout en hors saison.

SKÓGAFOSS ★★★

À ne pas manquer, cette chute d'eau en rideau, droite et blanche, de 60 m de hauteur, que parfois le vent fait onduler et qui se pare de temps à autre de magnifiques arcs-en-ciel. Une légende raconte qu'au fond de l'eau se trouve le trésor de Þrasi, l'un des premiers colons d'Islande. Quand un jeune garçon voulut le retrouver, il ne réussit qu'à repêcher un coffre dont l'anneau a longtemps orné la porte de l'église avant d'être exposé au musée de Skógar, où il est encore. N'hésitez pas à emprunter les escaliers sur le côté pour avoir une vue d'en haut.

Skógafoss.

Route entre Vik et Seljalandsfoss.

VIK I MÝRDAL ★★★

A Vík í Mýrdal, la plaine de sable devient brusquement falaises sur la côte et montagnes à l'intérieur, tandis qu'en mer les silhouettes noires des pitons volcaniques, les Reynisdrangar, se découpent sur l'horizon. Hérissés de pointes jusqu'à 66 m de hauteur, ces récifs isolés gisent là tel un trois-mâts gigantesque échoué sur les hauts-fonds au large de Vík. Selon la légende, les Reynisdrangar existent depuis que deux trolls essayèrent de tirer, sous couvert de la nuit, un bateau naufragé sur la plage. Mais ils furent retardés dans leur basse besogne et, aux premiers rayons du soleil, toute la scène se pétrifia. En effet, quand émergent ces silhouettes sombres dans le brouillard diaphane du petit matin ou le soir, la légende semble reprendre vie… Abrité par le mont Reynisfjall, le village donne sur de longues plages de sable anthracite à l'ouest comme à l'est. Vík n'a pas de port, car le littoral, composé de cendres volcaniques, est très instable.

Observation des macareux moines. Idéal pour observer ces étonnants petits cousins des pingouins à l'allure clownesque qu'on appelle également « perroquet de mer » en raison de leur bec multicolore. Les macareux nidifient en grand nombre dans les falaises escarpées des promontoires herbus qui se dressent à la lisière du centre de Vík. Quant au grand pingouin, il a malheureusement disparu d'Islande : les deux derniers spécimens furent tués en 1834.

ÉGLISE DU VILLAGE ★

La jolie petite église est située en haut d'une butte herbeuse qui, l'été, se couvre d'un vaste champ de lupins bleus. Par sa blancheur immaculée et sa flèche couleur bonbon rose, l'église se détache nettement sur un arrière-plan de sombres montagnes dominées par le glacier Mýrdalsjökull. Belle vue sur Vik. Un sentier de randonnée permettant d'atteindre les hauteurs dominant la ville part de l'église.

Les chutes de Saint-Jornarfoss.

KIRKJUBÆJARKLAUSTUR ★

Kirkju-bæjar-klaustur (littéralement « église-ferme-couvent »), souvent abrégée à seulement Klaustur, est située dans un paysage volcanique pittoresque, au milieu d'un immense champ de lave appelé « Elðraun » (la lave du feu), en souvenir de l'éruption désastreuse du Laki en 1783. Cette éruption fut probablement la plus importante de l'histoire de l'homme avec des coulées de lave qui couvrirent 580 km² de fermes et de terres fertiles. Quelques moines ermites irlandais, cherchant la solitude en Islande, habitaient probablement l'endroit avant l'arrivée des colons nordiques. Une ferme importante, qui s'appelait « Kirkjubær », est à l'origine du nom. Dès le départ, la ferme fut habitée par des chrétiens. Selon la légende, quand un nouveau propriétaire païen Hildir Eysteinsson arriva pour s'y installer, il tomba raide mort en traversant le portail. Il fut enterré sous le monticule Hildishaugur, à l'est de la bourgade. En 1186, un couvent bénédictin fut fondé à Kirkjubær et fut fermé à l'époque de la Réforme en 1550. Une légende raconte qu'un pasteur de Kirkjubæjarklaustur Jón Steingrímsson, conduisant ses ouailles à l'église, pria si fort que les coulées de lave s'arrêtèrent net. Ce sermon est resté dans l'histoire sous le nom du « sermon du feu », et on peut toujours voir où la coulée de lave s'est arrêtée, à l'ouest de Systrapi, au lieu-dit d'Eldmessutangi, la pointe du « sermon du feu ». Les environs méritent une visite. Une belle chute d'eau Systrafoss, la « cascade des bonnes sœurs », dévale la falaise juste derrière Kirkjubæjarklaustur. A gauche, sur la route du terrain de camping : Kirkjugólf, le « plancher de l'église ». Il s'agit d'une curieuse formation géologique. Sur 80 m², le sol est formé de dalles hexagonales qui sont en fait les sommets de colonnes de basalte recouvertes par le sol.

CRATÈRES DE LAKI (LAKAGÍGAR) ★★

C'est une piste principale au départ de Kirkjubæjarklaustur accessible uniquement en 4x4. Excursion en bus en prenant la ligne 16 de Reykjavík Excursions à partir de Kirkjubæjarklaustur et de Skaftafell avec 3 heures d'arrêt sur place. Vatnajökull se dresse une rangée de 135 cratères, monstrueuse cicatrice longue de 25 km, orientée sud-ouest et nord-est. L'éruption de 1783, restée célèbre, eut des conséquences sérieuses : non seulement elle produisit d'importantes modifications du paysage du sud de l'Islande, mais surtout elle provoqua une famine due à la disparition du bétail : 80 % des moutons, 75 % des chevaux et 50 % des vaches périrent empoisonnés par les gaz toxiques. À quoi s'ajoutèrent des épidémies. L'éruption entraîna indirectement la chute d'un quart de la population islandaise. On estime que le nuage de cendres, issu de l'éruption, fut responsable des mauvaises récoltes en France et une des causes de la Révolution de 1789 ! À l'intérieur du site, une piste longe la partie est de la rangée. Un sentier monte au sommet du Laki (818 m), d'où l'on voit le site. Les cratères eux-mêmes sont magnifiques ; certains forment des lagons, d'autres sont tapissés de mousses.

Ce site étant protégé, il est interdit d'y camper. Ceux qui veulent y rester plus d'une journée ont donc besoin d'une certaine autonomie qui leur permette de camper hors du site. À noter : la fragilité de la mousse et l'importance donc de suivre les pistes. Les voyageurs motorisés sont invités à se renseigner sur les règles de conduite avant d'entrer dans la zone.

SYSTRASTAPI ★

Au sud-ouest, le Systrastapi, le « rocher des bonnes sœurs », marque l'emplacement où furent enterrées deux nonnes condamnées et brûlées vives sur le bûcher pour « conduite licencieuse ». L'une des deux fut condamnée pour avoir vendu son âme au diable. L'autre, accusée d'avoir tenu des propos d'impiété sur le pape, fut réhabilitée après la Réforme. Suite à cette réhabilitation, la tombe de cette dernière se couvrit d'une végétation luxuriante, tandis que la tombe de la première resta stérile… Un lieu aussi emblématique que magique.

SYSTRAVATN ★

Egalement à côté du terrain de camping coule la rivière Stjórn avec sa chute d'eau. A partir du camping, un sentier escalade le Klausturheiði. Au sommet, Systravatn, le « lac des bonnes sœurs », doit son nom aux religieuses qui venaient s'y baigner. Une autre légende raconte que deux d'entre elles virent un jour une main sortir de l'eau, tendant une bague en or. Quand elles s'approchèrent pour la saisir, elles furent entraînées au fond du lac pour disparaître à jamais. On redescend de Systravatn par une petite forêt de bouleaux.

L'INTÉRIEUR DES TERRES

L'intérieur des terres est la partie la plus inhospitalière et difficile d'accès du pays. Il faut, pour traverser les pistes, posséder un 4x4 et savoir notamment traverser des gués pour certaines zones. C'est une partie de l'île sauvage et rude qui n'est accessible qu'en été et souvent pas avant fin juin voire début juillet et qui redevient souvent inaccessible dès le mois de septembre. C'est pourtant un lieu peuplé de merveilles, zones géothermiques, cascades, montagnes, désert de sable et de cailloux... Les plus courageux pourront prévoir des randonnées dans ces terres peu peuplées, d'autres se contenteront de traverser ses grandes étendues vides pour rejoindre le sud du nord et vice versa. Ceux qui veulent goûter brièvement à ces plaisirs peuvent toujours emprunter un des bus qui font la traversée et se laisser bercer par la vue de ces territoires isolés. Des excursions organisées avec randonnées ou autres activités permettent également de facilement se rapprocher des joyaux du Sud, plus touristiques mais tout aussi sublimes !

LES JOYAUX DU SUD

ÞÓRSMÖRK ★★★

Þórsmörk est l'un des plus beaux endroits d'Islande. Montagnes, glaciers et rivières forment des frontières naturelles autour de cette vallée qui, pour cette raison, bénéficie d'un microclimat. Mais pour ces mêmes raisons, la vallée a depuis toujours été difficile d'accès. Elle est encadrée des contreforts de trois calottes glaciaires : le Myrdalsjökull à l'est, l'Eyjafjallajökull au sud, et le Tindfjallajökull, plus petit, au nord. Non loin se jette la cascade Seljalandsfoss de si haut qu'elle se transforme en écume iridescente emportée par le vent. Du côté de la mer, au-delà d'une vaste étendue de sables noirs, on aperçoit dans le lointain le contour des îles Vestmannaeyjar. L'immense lit de la rivière glaciaire doit ici faire plus de 1 km de largeur. Dans la vallée de la Markarfljót, très large au début, les alluvions de sable volcanique commencent rapidement à mordre sur les verts pâturages qui en tapissent les côtés jusqu'à remonter en partie sur les flancs du mont Eyjafjall couronné d'un glacier. Les rebords de la vallée sont d'un vert uniforme, comme moquettés d'une herbe rase, un paysage lunaire et verdoyant en même temps. Le Stóra-Dímon, trône seul et isolé tel un Mont-Saint-Michel islandais au milieu de la plaine de sable. De nombreux ruisseaux dévalent les pentes raides du bord de la vallée. Au dégel, ils doivent arracher des pans entiers de terres herbeuses pour ne laisser que des ravins de pierraille. On voit partout de profondes cicatrices qui griffent les flancs de la montagne. Mais même dans cette pierraille stérile poussent de petits coussinets de fleurs de rocaille rose. Ces petites fleurs minuscules de silène sont sans tige, ramassées en boule pour mieux se protéger des vents. Même si on n'aperçoit que par intermittences, et par petits bouts, la lourde masse glaciaire et lumineuse tout en haut de l'Eyjafjallajökull, on sent son omniprésence. Profitant d'un versant moins exposé au soleil, une des langues glaciaires, longue et raide, descend jusqu'à la piste pour se disloquer dans un petit lagon glaciaire de couleur turquoise, le Lónið. Le Stakkholtsgjá est un gigantesque canyon secondaire extrêmement encaissé où nidifient en paix d'innombrables oiseaux. Ici, ils sont protégés par les vertigineux précipices tapissés d'un velours de mousse dont l'humidité lui donne les reflets mordorés d'un bijou gothique. C'est un véritable sanctuaire pour de grands oiseaux que l'on voit planer utilisant les courants aériens le long des précipices.

EYJAFJALLAJÖKULL ★★

Voici le célèbre volcan au nom imprononçable dont l'éruption perturba l'espace aérien international plusieurs mois en 2010. Même si on ne l'aperçoit que partiellement et par intermittence, la lourde masse glaciaire et lumineuse de l'Eyjafjallajökull est omniprésente au fur et à mesure de la progression vers Þórsmörk. Profitant d'un versant moins exposé au soleil, une des langues glaciaires, longue et raide, descend jusqu'à la piste. C'est ici que certains voyagistes viennent faire de l'escalade sur les parois du glacier, à tester !

STAKKHOLTSGJÁ ★★

Ce gigantesque canyon secondaire extrêmement encaissé est un lieu où nidifient en paix d'innombrables oiseaux. Ici, ils sont protégés par les vertigineux précipices tapissés d'un velours de mousse. Il vous faudra marcher 2 km pour atteindre son extrémité et y admirer, surprise..., une chute d'eau. Une rivière très peu profonde coule au centre. Il faut par moment la traverser, de grosses pierres permettent de le faire sans effort. Le canyon qui se rétrécit de plus en plus au fur et à mesure de la marche offre des vues sublimes. Comptez environ 2h de randonnée.

Le volcan Eyjafjallajökull.

VALLÉE DE LA MARKARFLJÓT ★★

La vallée de la Markarfljót est votre première rencontre depuis la piste une fois que vous avez quitté la route. Très large au début, les alluvions de sable volcanique commencent rapidement à mordre sur les verts pâturages jusqu'à remonter en partie sur les flancs du mont Eyjafjall. C'est à partir de là que l'on passe le premier gué suivi par tellement d'autres que l'on ne les compte plus. Les rebords de la vallée sont d'un vert uniforme, un paysage lunaire et verdoyant en même temps. Au loin, le Stóra-Dímon, trône seul au milieu de la plaine de sable.

ÞÓRSMÖRK ★★★

La piste pour Þórsmörk est très difficile à parcourir en raison des nombreux gués de la plaine de sables alluviaux que constitue l'embouchure de la Markarfljót. La vallée est encadrée des contreforts de trois calottes glaciaires : le Myrdalsjökull à l'est, l'Eyjafjallajökull au sud, et le Tindfjallajökull, plus petit, au nord. Ici, le volcan Eyjafjöll, qui s'est réveillé après un sommeil de plus de 200 ans, se termine par une falaise abrupte, qui domine la bande côtière. De là se jette la cascade Seljalandsfoss, de si haut qu'elle se transforme en écume iridescente emportée par le vent. Du côté de la mer, au-delà d'une vaste étendue de sable noir, on aperçoit dans le lointain le contour des îles Vestmannaeyjar. La randonnée la plus courte et la plus populaire est celle de Tindfjöll. Renseignez-vous auprès du ranger pour les itinéraires mais sachez que cela vous prendra entre 4h30 et 6h selon votre point de départ (Langidalur ou Húsadalur). Si vous avez le temps, tentez l'ascension du mont Valahnúkur (458 m) qui n'est pas trop rude et offre une vue panoramique à 360° sur Þórsmörk, les glaciers Eyjafjallajökull et Tindfjallajökull ou encore les rivières Krossa et Markarfjót. Comptez environ 2h. Au fond de la vallée se trouve Þórsmörk, la « forêt de Þór », fameux dieu guerrier de la mythologie nordique. À l'époque de la colonisation, l'Islande était couverte de forêts, du littoral jusqu'aux montagnes. Ici, à partir de Goðaland, le « pays des dieux » s'élève comme des bouleaux. C'est d'une telle beauté que l'on comprend facilement l'attachement des Islandais pour les elfes et les trolls.

Þórsmörk.

LANDMANNALAUGAR ★★★

Les « bains chauds des paysans ». Une des régions les plus surprenantes d'Islande, un véritable kaléidoscope de couleurs. C'est une vallée inhabitée,

© OLEG SENKOV – SHUTTERSTOCK.COM

Paysage du Landmannalaugar.

avec des sources d'eaux chaudes, cernée par des massifs rhyolitiques multicolores. Les tons de ces paysages minéraux sont indescriptibles : du pastel tendre de la rhyolite en passant par toutes les couleurs ocre possibles, de l'orange vif des oxydes de fer, du jaune acide des solfatares, du noir brillant de l'obsidienne vitrifiée, du noir mat des scories poreuses, et du vert presque fluo des mousses et lichens. La région de Landmannalaugar est la zone rhyolitique la plus vaste du pays. Certains géologues estiment que le Landmannalaugar est une immense caldeira, c'est-à-dire qu'ici il y aurait jadis eu un grand volcan au-dessus d'une poche de magma, et que le sommet du volcan se serait probablement effondré. Le magma rhyolitique, épais et visqueux, forme des couches de lave peu étendues. Sous l'effet d'un refroidissement rapide, de l'obsidienne se forme, une pierre de lave vitrifiée brillante et noire. Sous un refroidissement plus lent, de la rhyolite plus poreuse se forme. Celle-ci peut être grise, jaune, rose, etc., des coloris viennent principalement des réactions chimiques. Ces réactions chimiques sont liées à la géothermie, or la région est une des zones géothermiques les plus importantes du pays comme en témoignent les nombreuses sources chaudes. Le soubassement rhyolitique acide est dénué de toute végétation sur de vastes étendues, tandis que les montagnes de palagonite sont souvent tapissées d'une belle mousse verte grimpant jusqu'au sommet. Sur les cailloutis secs et dans les laves, on remarque surtout le petit saule, tandis que la linaigrette pousse volontiers dans les marécages. La période de croissance des plantes n'est guère plus longue que deux mois par an et, en conséquence, la formation de l'humus est extrêmement lente. Les zones de végétation continue sont limitées, les plus grandes étendues herbeuses se trouvant aux abords des rivières et des lacs.

BLÁHNÚKUR ★★

Bláhnúkur, parfois orthographié Bláhnjúkur, signifie littéralement « le pic bleu » (940 m). L'ascension du mont rhyolitique aux pentes noires, gris bleu et vert foncé, se fait par l'un des trois sentiers non balisés qui suivent les crêtes de sable et d'éboulis. Du sommet, vue incomparable sur les environs : la vallée désolée de la Jökulgil, les monts rhyolitiques Norður Barmur, jaunes et lumineux, au sud d'autres dômes rhyolitiques, le Brennisteinsalda, Laugahraun... Le dénivelé est de 340 mètres, relativement accessible à tous. Départ depuis le camping.

HÁALDA ET BRENNISTEINSALDA ★★

Une randonnée permet de monter au sommet du mont Háalda (1 089 m) par la crête est, pour redescendre par le versant sud un sentier non balisé qui monte vers le dôme rhyolitique Brennisteinsalda (865 m), une des plus belles montagnes d'Islande aux pentes de sable et de roches jaunes, brunes, rouges, violettes... Au pied de cette colline, plusieurs solfatares et fumerolles. Du sommet, vue sur les montagnes de Suðurnámur, aux teintes ocrées et orangées, et, tout proche, le Bláhnúkur.

HATTUR ★

Hattur, « le chapeau », est une curieuse éminence rocheuse qui coiffe un mont désertique. Atypique à photographier, il est possible de faire son ascension pour admirer le panorama, en marchant sur les crêtes ocres aux alentours. De là, on peut rejoindre la piste Landmannalaugar-Þórsmörk et se lancer dans un itinéraire plus important. Comme toujours pour cette région, faites preuve de prudence avant de vous lancer dans cette randonnée, les conditions météorologiques peuvent vite changer, c'est pourquoi il faut être bien équipé.

LANDMANNALAUGAR ★★★

Le Landmannalaugar est un labyrinthe de montagnes multicolores, entre

Háalda et Brennisteinsalda.

© NOMADKATE – SHUTTERSTOCK.COM

Randonnée près de Langisjór.

lesquelles s'épanchent des coulées de lave. Ce paysage désertique est dû à une activité volcanique de type acide, la roche la plus abondante étant la rhyolite. Le site se prête magnifiquement à la randonnée, et de nombreux sentiers sont balisés. La randonnée la plus connue est celle qui relie Landmannalaugar à Þórsmörk mais l'endroit fourmille d'autres excursions à la journée ; demandez conseil aux gardiens qui vous fourniront une carte avec toutes les indications nécessaires.

LANGISJÓR ★★★

Suivre la piste F208
(Landmannalaugar-Eldgjá)
et bifurquez sur la F235
orientée vers le nord-est.

Langisjór est un lac de 27 km² situé dans une zone très isolée au nord du Lakagigar et au sud-ouest du Vatnajökull. Le paysage, avec les îlots sur le lac ou encore les montagnes environnantes, est tout simplement spectaculaire ! Il s'agit de l'un des lacs de montagne les plus purs en Islande. Le *trek* entre Landmannalaugar et Langisjór est une expérience à vivre pour les voyageurs à la recherche d'une immersion totale ! Vous aurez l'impression d'être seul au monde pour profiter de ces paysages splendides et incroyablement diversifiés.

NORÐURNÁMUR ★★

Une randonnée non balisée à ne pas manquer s'oriente vers le nord traversant la pente est du dôme de lave Námshraun stoppé par la Jökulgil, puis la coulée de lave basaltique Norðurnámshraun, et monte ensuite, le long des crêtes, sur Norðurnámur (786 m). Du sommet, panorama sur tout le paysage du nord de Landmannalaugar. Vous pouvez continuer jusqu'à Ljótipollur, un *maar*, cratère elliptique en forme de cuvette, aux pentes rouges, occupé par un beau lac bleu. Un embranchement de la piste en fait le tour. Retour possible en contournant Frostastaðahraun.

Encore un peu plus haut se trouve Háifoss qui, avec ses 122 m de chute libre, est l'une des plus hautes cascades d'Islande.
Le site historique Stöng est une ferme viking du XIIe siècle qui fut ensevelie en 1104 par l'éruption catastrophique de l'Hekla. En effet, dès la colonisation de l'Islande, de riches fermiers prospéraient ici jusqu'à ce que toute la vallée soit ensevelie sous une épaisse couche de cendres volcaniques et de lave. Toutes les fermes de l'époque (on en a retrouvé une vingtaine) furent abandonnées par la suite. Les vestiges de la « maison longue » de Stöng, mise au jour par des fouilles en 1939, sont toujours visibles. Un pub à Reykjavík, le Gaukur à Stöng, a pris le nom du grand fermier viking de Stöng, Gaukur Trandilsson.
A Búrfell, non loin du site d'origine, une reconstruction à l'identique, Þjóðveldisbœrinn, est ouverte aux visiteurs. C'est également au mont Búrfell (669 m d'altitude) que se trouve l'une des plus grandes usines d'hydroélectricité, construite à l'intérieur de la montagne. La façade de l'usine est décorée par le sculpteur Sigurjón Ólafsson (1908-1982), originaire d'Eyrarbakki, sur la côte sud de l'Islande. Au-delà de la Þjórsárdalur, la piste F26 de Sprengisandur traverse les étendues inhospitalières des hauts plateaux vers le nord. Sprengisandur était jadis réputé pour être un repaire de hors-la-loi au ban de la société. La piste n'est praticable que par des véhicules 4X4.

BÚRFELLSVIRKJUN

Route 32
C'est ici à côté du mont Búrfell (669 m d'altitude) que se trouve l'une des plus grandes usines d'hydroélectricité, construite à l'intérieur de la montagne. La façade de l'usine est décorée par le sculpteur Sigurjón Ólafsson (1908-1982), originaire d'Eyrarbakki, sur la côte sud de l'Islande. A Búrfell, également non loin du site d'origine, se trouve une ferme Þjóðveldisbær construite dans un style médiéval qui commémore les

Háifoss.

1 100 ans de l'arrivée des premiers colons en Islande en 1974. La cascade de Hjálparfoss se trouve à l'opposé de la station électrique.

HÁIFOSS ★★

Route 32

La cascade Háifoss porte bien son nom puisqu'elle signifie « haute cascade ». Avec ses 122 m de chute libre, il s'agit de la seconde plus haute cascade d'Islande. Il faut compter environ 2 heures de marche facile depuis Stöng en suivant la rivière dont elle est issue, la Fossá. Vous pouvez aussi y accéder en voiture, il y a un parking juste à côté, mais il est largement recommandé d'avoir un 4x4 car la route n'est pas goudronnée. Une fois arrivé, le panorama est époustouflant et on ne regrette pas tout le chemin. Que de la nature à perte de vue, et pas de touristes.

HJÁLPARFOSS ★

Route 32

Située sur la côte sud de l'Islande au nord du volcan Hekla, on entend pourtant peu parler de cette magnifique cascade, sûrement parce qu'elle est éloignée de la route 1. Ce qui fait le charme de Hjálparfoss, c'est que vous aurez la chance d'y admirer non pas une, mais deux cascades, qui se rejoignent dans un bassin circulaire. Elles sont issues du même cours d'eau, mais séparées par la roche. Atypique, la double cascade de Hjálparfoss est encadrée d'orgues basaltiques. Par beau temps, il n'est pas rare de voir un arc-en-ciel dans ses reflets.

STÖNG ★

Route 327

Le site historique Stöng est une ferme viking du XIIe siècle qui fut ensevelie en 1104 par l'éruption catastrophique de l'Hekla. En effet, dès la colonisation de l'Islande, de riches fermiers prospéraient ici jusqu'à ce que toute la vallée soit ensevelie sous une épaisse couche de cendres volcaniques et de lave. Toutes les fermes de l'époque (on en a retrouvé une vingtaine) furent abandonnées par la suite. Les vestiges de la « maison longue » de Stöng, mises au jour par des fouilles en 1939, sont toujours visibles. Un beau détour à faire !

VEIÐIVÖTN ★

Route F228

Le saviez-vous ? La pêche en Islande est un sport de loisir aussi réputé qu'apprécié et nombreux sont les spots pour en profiter. Veiðivötn (littéralement « lacs de pêche ») fait partie de ces spots, et désigne une multitude de petits lacs dans la réserve naturelle de Fjallabak, située au nord du Landmannalaugar. L'endroit est aussi verdoyant qu'apaisant, et on s'imagine aisément passer sa journée à attendre que ça morde. Attention, il faut impérativement un 4x4 pour y accéder, une partie de la piste n'est pas goudronnée et vous devrez passer deux gués importants.

SPRENGISANDUR ★★

Cette région inhabitée du centre de l'Islande est située entre les glaciers Hofsjökull et Vatnajökull. Elle est traversée par la route F26. Le nom vient du mot *sprengja* qui veut dire « épuiser », car les rares personnes qui jadis osaient traverser cette zone le faisaient le plus rapidement possible, certaines qu'elle était peuplée de trolls et d'elfes et donc dangereuse. La piste passe au pied du Tungnafellsjökull, glacier culminant à 1 520 m.

ALDEYJARFOSS ★★

Dans les hautes terres du nord de la rivière Skjálfandafljót, cette chute d'eau entourée de belles colonnes de basalte est à voir absolument. Bien qu'elle soit relativement peu haute (20 mètres), le cadre est impressionnant. Le torrent des eaux d'un bleu laiteux contraste avec les colonnes de basalte noir qui découpent la roche en lignes droites. En hiver, elle est encore plus magique entourée de neige. Cette cascade est située au début de la F26, à 43 km au sud de Goðafoss, on y accède principalement par la route 842, puis par la piste F26 jusqu'au parking.

LAUGAFELL ★

Voilà un des sites qui nous rappellent pourquoi l'Islande est un pays si magique. Imaginez-vous marcher dans une étendue désertique de sable noir (le Sprengisandur) pour arriver face à un bassin d'eau naturellement chauffée comme sorti de nulle part, juste à côté d'un refuge pour y passer la nuit (le refuge de Ferðafélag Akureyrar). C'est ça, l'Islande, beaucoup d'efforts, mais aussi beaucoup de réconforts ! Pour venir motorisé, vous devez impérativement être en 4x4. Faites aussi preuve de prudence en hiver, vous pouvez croiser des piétons.

ÞJÓRSÁRVER ★

Au nord-ouest de Versalir.

Ces marais, qui donnent naissance à la Þjórsá, la plus longue rivière d'Islande (230 km), abritent de nombreux oiseaux et une faune variée. Listés RAMSAR depuis 1990, il s'agit notamment de la zone de reproduction d'oies à bec court la plus important. Particulièrement isolés par leur situation dans les « terres du milieu » et éloigné de toute civilisation humaine, on peut y accéder à pied, mais la randonnée est déconseillée pour marcheurs débutants. Vous devrez être capable de survivre ici en autonomie totale, ce qui n'est pas à la portée de tous.

HEKLA ★★

Grand stratovolcan fissural culminant à 1 491 m. L'Église médiévale considérait l'Hekla comme l'entrée de l'enfer. Ce volcan, le plus actif d'Islande, a connu récemment plusieurs éruptions, notamment en 1970, en 1980, en 1991, et enfin en 2000, et peut en avoir à tout moment, car c'est aussi le plus imprévisible. Son sommet, toujours enneigé, est entouré de lave noire. Plus la coulée de lave est récente, plus elle est noire. En raison des changements récents, dus aux nouvelles coulées, toutes les pistes approchant le volcan ne sont pas signalées sur les cartes. Il est vraiment conseillé de ne rien entreprendre seul, car la marche dans les coulées de lave, chaotiques et cassantes, est dangereuse. En raison de l'impossibilité de prévoir les éruptions, l'ascension est encore moins recommandée.

VERS LES HAUTES TERRES INTÉRIEURES

HERÐUBREIÐ ★

A Herðubreiðarlindir, les « sources d'Herðubreið », les rares sources d'eau douce du désert volcanique de l'Ódáðahraun. Cette oasis s'abrite au pied de l'Herðubreið, le « mont aux larges épaules ». C'est un volcan en

table, né sous la glace, au sommet plat toujours enneigé, qui atteint 1 682 m. Sa silhouette noire, massive et solitaire est presque toujours ennuagée.
Au cours des siècles passés, le désert de l'Ódáðahraun était peu connu et rarement visité, car il servait de refuge à des hors-la-loi. Bannis, ceux-ci avaient le choix entre quitter l'île et se réfugier dans l'intérieur.

HERÐUBREIÐ ★★

D'une altitude de 1 682 m, cette montagne plate avec un cône volcanique au sommet est l'une des plus belles montagnes du pays. Un sentier balisé va jusqu'au pied de l'Herðubreið et en fait le tour. L'ascension demande une grande prudence : certains passages sont difficiles ; sur d'autres, on risque des chutes de pierres. L'accès le plus facile se fait à l'ouest. Il convient, comme toujours, de prendre connaissance de la météorologie, de ne partir que s'il fait beau et accompagné et de prévenir au refuge. Il faut compter une journée pour aller du refuge au sommet.

HROSSABORG ★★

Pas loin de la route 1, piste F88.
En début de piste, vous pourrez observer l'imposant cratère Hrossaborg formé il y a plus de 7 000 ans lors d'une éruption hydromagmatique ayant eu lieu dans le même système volcanique que l'Askja. Sa forme était autrefois quasiment parfaitement circulaire, mais des inondations ont successivement érodé le cratère. Avant d'avoir servi de décor pour le tournage du film *Oblivion* avec Tom Cruise (2013), ce lieu servait d'enclos à chevaux d'où son nom qui signifie « château des chevaux ». Il n'est accessible qu'en 4x4 aux beaux jours.

Ódáðahraun.

ÓDÁÐAHRAUN ★

La piste F88 pénètre progressivement dans l'Ódáðahraun, le plus grand désert froid d'Islande (4 400 km^2) composé de champs de lave et de sable volcanique, c'est aussi le plus grand champ de lave au monde. Son nom signifie « désert de lave des criminels », la légende prétend en effet qu'il s'agissait d'un lieu de refuge privilégié des bannis, bien que peu d'entre eux y survécurent tant les conditions y sont hostiles. Lors de votre traversée, ne manquez pas un arrêt à l'oasis d'Herdubreidarlindir située au pied du volcan Herðubreið.

KVERKFJÖLL ★★

Kverkfjöll est l'un des glaciers qui bordent le Vatnajökull au nord. Plus élevé que la calotte glaciaire, il culmine à 1 929 m. On peut y observer toutes les manifestations d'un glacier. L'eau s'y mélange avec le feu. C'est aussi un site géothermique, dont la chaleur fait fondre la glace, dominant un désert de lave.

LE SUD-EST

C'est une région d'éruptions volcaniques. En 1783, les 135 cratères en ligne des Lakagígar vomirent la plus grande quantité de lave en fusion jamais émise au monde. Il en résulta une modification du climat dans l'hémisphère Nord, perturbant l'écologie jusqu'en France. Le mécontentement des paysans, suite aux mauvaises récoltes, aurait contribué à hâter la Révolution française en 1789. Plus en avant, dans ces terres désolées, l'incroyable douceur de Skaftafellsheiði constitue une sorte d'oasis boréale encerclée par les bras du glacier Vatnajökull. En contrebas, les moraines viennent mourir dans les sandars, vastes étendues de cendres et de sables noirâtres à perte de vue.
Cette région à l'habitat épars est dominée par le plus grand glacier d'Europe, le Vatnajökull, le « glacier des eaux », dont la calotte glaciaire couvre 8 400 km². Ce glacier recouvre à lui seul, trois volcans importants : le Grimsvötn dans le sud, le Bardarbunga et le Kverkfjöll dans le nord. Ces volcans fabriquent d'énormes quantités d'eau par leurs éruptions qui font fondre la glace par le dessous. En novembre 1996, à la suite d'une spectaculaire éruption du volcan Grimsvötn, la gigantesque bulle d'eau qui s'était formée sous le glacier Vatnajökull se rompit soudain dans une gigantesque débâcle (jökulhlaup). Les 3 milliards de mètres cubes d'eau, issus de la fonte des glaces, balayèrent la route circulaire n° 1 et ses ponts, parsemant la grande plaine du Skeiðarársandur de morceaux de glace de la taille d'un iceberg qui mirent un an à fondre.

LA RÉGION DU PARC NATIONAL VATNAJÖKULL

Cette région à l'habitat épars est dominée par le plus grand glacier d'Europe, le Vatnajökull, le « glacier des eaux » qui donne son nom au plus vaste parc national islandais. Sa calotte glaciaire, la plus grande au monde en dehors des pôles, couvre 8 400 km² et 13% du territoire. Ce glacier porte bien son nom, car il recouvre à lui seul trois volcans importants : le Grimsvötn dans le sud, le Kverkfjöll et le Bárðarbunga dans le nord. Le Grimsvötn et le Bárðarbunga ont défrayé la chronique ces dernières années suite à leurs éruptions, en 2011 pour l'un puis en 2014 pour l'autre. Ici, plus que jamais, se mélangent la glace et le feu ! L'accès au Parc peut se faire à plusieurs endroits, dont au nord *via* Ásbyrgi ou au sud *via* Skaftafell.

SKAFTAFELL ★★★

On est ici dans le plus grand parc national d'Islande (depuis 1967), qui englobe une partie du Vatnajökull, le « glacier des eaux », dont la calotte glaciaire de 8 400 km² constitue le plus grand glacier d'Europe. Sous cette mer de glaces crevassées, des volcans se cachent. Ils ne sont qu'assoupis pour mieux se réveiller à la prochaine éruption. Le volcan de Grímsvötn est inclus dans le parc national.

OCÉAN ATLANTIQUE
Le Sud-Est
Raufarhöfn
Kòpasker
Húsavik
Þórshöfn
Bakkafjörður
Vopnafjörður
Vopnafjöður
10 m.
882 m.
Myvatn
1251 m.
Borgarfjörður Eystri
Borgafjörður
MYVATNSÖRAEFI
Seyðisfjörður
Egilsstaðir
Neskaupstaður
1177 m.
1056 m.
Eskifjörður
Reyðarfjörður
Óskjuyatn
Fáskrúðsfjörddur
1201 m.
1453 m.
Breiðdalsvík
Snaefell
1833 m.
1236 m.
Djúpivogur
Hamarsfjörður
Bardharbunga
2000 m.
1812 m.
Île de Papey
Parc national de Vatnajökull
1235 m.
BREIDHABUNGA
Stafafell
1659 m.
VATNAJÖKULL
Höfn
Hornafjörður
Granalán
Jökulsárlón
Skaftafell
2119 m.
Litla Hof
Hardhavikurós
rkjubæjarklaustur
0
20 km
40 km
OCÉAN ATLANTIQUE

HORNAFJÖRÐUR ★

La vaste zone de Suðurveit et Mýrar est coincée entre le Vatnajökull et la mer, jusqu'à la rive ouest du Hornafjörður. Elle est parsemée de diverses fermes et hameaux qui constituent une bonne base pour explorer les environs. Si vous préférez l'ambiance d'une petite ville, filez vers Höfn.

HÖFN ★★

Höfn, qui signifie « port » en islandais, est abritée sur une pointe entre deux anses presque fermées par deux longues et minces langues de terre, dont l'une est une presqu'île et l'autre une île, ce qui ne laisse que deux étroits passages aux bateaux et à l'océan. Cette petite ville de 2 000 habitants est comme un îlot de civilisation, tant elle est isolée des autres communautés. L'atmosphère qui y règne est celle d'un bout du monde. La ville est située dans un cadre grandiose avec vue sur quatre langues du Vatnajökull qui descendent vers la mer. Elle est célèbre pour sa colonie de phoques.

RÉSERVE NATURELLE D'ÓSLAND ★

Cette réserve naturelle aux portes de Höfn est très prisée des randonneurs qui aiment combiner marche et observation des oiseaux. Vous pourrez randonner sur le littoral et proposer des embruns, ou préférer les terres du lac de Óslandstjörn pour admirer la vie sauvage. La sterne arctique y est très présente en été, avant de retourner en Antarctique en hiver. Cette réserve est accessible à pied par un isthme, bande de terre entre deux mers, à proximité du port de Höfn.

STAFAFELL ★★

La route longe l'estuaire de la rivière glaciaire Jökulsá í Lóni avant d'atteindre Stafafell, situé au pied des montagnes colorées de Lón et de Lónssandur, le

Paysage dans les environs d'Höfn.

delta de la rivière glaciaire Jökulsá í Lóni. Il s'agit d'une ancienne ferme pourvue d'une auberge de jeunesse et d'un camping ouverts toute l'année. Stafafell, un peu à l'écart de la route (mais le bus s'y arrête sur demande), est un bon point de départ pour découvrir la région sauvage de Lónsöræfi. La petite église de la ferme date de 1868 et renferme quelques objets intéressants, comme l'autel du XVIIe siècle. Les montagnes de rhyolite de Stafafell sont réputées pour leurs couleurs et leurs paysages sauvages.

TRÖLLAKRÓKAR ★★

F980

Le haut col de Illikambur, la « crête du diable », constitue le point de départ d'une piste de randonnée de 5 à 6 heures jusqu'aux canyons de Tröllakrókar, les « crochets des trolls ». A l'extrême est du glacier Vatnajökull, ces falaises aux formes étranges sont dominées par les séracs glaciaires du Öxarfellsjökull, qui forment des amas chaotiques aux endroits où la pente du lit glaciaire s'accentue et où l'adhérence du glacier diminue. D'ici, on peut entreprendre une randonnée complémentaire jusqu'aux crêtes nord de Kollumúli dans la vallée de Viðidalur. Cette dernière a vu une population s'installer au XIXe siècle mais renoncer à cause des hivers trop rudes. Attention, la piste qui y mène est difficile. Renseignez-vous bien avant de vous y rendre.

LES FJORDS DE L'EST

C'est l'une des régions les plus anciennes d'Islande avec les fjords de l'ouest, ce qui explique la faiblesse de l'activité volcanique. Les paysages sont d'une sauvage beauté et la côte, splendide, est découpée en fjords profonds, séparés par d'imposantes montagnes qui plongent dans l'océan. Les routes sinueuses serpentent entre mer et montagne, jusqu'à la péninsule de Langanes dans le nord, un des endroits les plus désolés de toute l'Islande, parcourant de superbes fjords où sont blottis de petits hameaux aux maisons colorées. A l'intérieur du pays, les montagnes s'estompent, laissant place à un grand plateau désertique où l'on voit souvent des rennes qui ont été introduits de Norvège dans les années 1770. Depuis, ils se sont multipliés pour constituer une harde d'environ 3 000 têtes. L'est de l'Islande, qui représente presque le quart du territoire islandais, n'est que très peu habité (seulement 5 % de la population). Les populations ont vécu à travers les siècles presque exclusivement de la pêche. La baisse de cette activité a entraîné un important exode vers Reykjavík ces dernières années. L'immense et contesté barrage de Karahnjukar (au nord-est du Vatnajökull), achevé en 2007, fut « vendu » comme un moyen de fixer la population dans cette région en apportant de nouvelles activités. Si cela a été le cas au début du projet, avec la création de près de 400 emplois, les effets au long terme n'ont pas été si importants et les résultats sont encore aujourd'hui contestés. Les fjords de l'est sont également accessibles par car-ferries venant du Danemark après une escale aux îles Féroé.

ÎLE DE PAPEY ★

La petite île plate de Papey ne fait que 2 km² environ, mais elle est entourée de nombreux autres îlots et îles. Ces derniers foisonnent de différentes espèces d'oiseaux, et souvent on peut apercevoir des phoques gris se prélassant au soleil sur les récifs. Les falaises de nidification, d'une hauteur de 20 à 40 m, sont nombreuses et depuis la nuit des temps, l'homme escalade les rochers afin de collecter les œufs. Papey tient une place importante dans l'histoire de l'Islande, car l'île était déjà habitée par quelques moines irlandais avant l'arrivée des Vikings et la colonisation du pays par ces derniers. Les moines quittèrent alors l'Islande parce qu'ils ne voulaient pas cohabiter avec des païens. Une curieuse formation rocheuse appelée Kastali, le « château », domine le port Árhöfn, sur le côté ouest de l'île. C'est ici que tous les elfes de Papey habitent, et depuis toujours les humains les laissent en paix, sans les déranger. Dans le nord de l'île, une autre formation nommée Einbúi, le « solitaire », constitue l'église des elfes…

DJÚPIVOGUR ★★

Le petit port de Djúpivogur (355 habitants) est composé de quelques maisons autour d'anciens quais en bois où sont ancrés quelques bateaux de pêche. On remarquera les séchoirs à poisson qui encadrent la route. Avant l'instauration du monopole danois sur le commerce, Djúpivogur était un comptoir hanséatique. A cette époque, tout comme à Vestmannaeyjar, le petit port fut, en 1627, attaqué par des pirates algériens. Le port fut mis à sac, et les pirates capturèrent plus de cent personnes (destinées à être vendues comme esclaves), tuant le reste de la population.

Au nord de Djúpivogur, la route 1, presque intégralement goudronnée, continue de longer la côte déchiquetée. Les montagnes, toujours présentes, se jettent dans la mer de toute la longueur de leur pente. Défilé de crêtes déchiquetées, de pentes souvent en escalier. La mer bleue contraste avec le vert vif de la lande qui surgit parfois. Dans les fjords profonds se jettent des torrents tumultueux, des cascades, des ruisseaux rouges d'argile.

BÚLANDSTINDUR ★

Tout comme le Snæfellsjökull, la pyramide naturelle du mont Búlandstindur (1 069 m) est censée être l'un des importants points spirituels dans le monde. Du haut de cette montagne, les idoles païennes auraient été jetées lors de la conversion du pays au christianisme. A Teigarhorn, au pied du mont Búlandastinður, se trouve un des plus importants gisements mondiaux de zéolite (un silicate complexe d'origine volcanique). Aujourd'hui, l'extraction de ce cristal est interdite (hormis pour la famille vivant dans la ferme de Teigarhorn) et la mine a dû fermer ses portes.

MUSÉE ET CENTRE CULTUREL LANGABÚÐ ★

✆ +354 478 8220
www.sagatrail.is/en/museums/langabud/
info@sagatrail.is

Langabúd, « la longue boutique », est l'un des bâtiments commerciaux les plus anciens d'Islande puisqu'il fut en partie édifié en 1790. A l'intérieur, en plus d'un agréable café, on peut visiter une salle consacrée aux œuvres du sculpteur Rikarður Jónsson, décédé en 1977, à qui l'on doit de très beaux portraits, notamment celui d'Eysteinn Jónsson, ancien ministre natif de Djúpivogur. Une autre exposition est dédiée au folklore, à l'histoire et à l'artisanat de la région.

BREIÐDALSVÍK ★★

Breiðalsvík est un petit port de pêche de 143 habitants (209 pour le district), situé à l'entrée de larges vallées intérieures. Ces vallées sont entourées de montagnes majestueuses, surtout de basalte, mais aussi de rhyolite, aux sommets qui s'élèvent à plus de 1 000 m au-dessus du niveau de la mer. Plusieurs chemins de randonnée montent sur le plateau de Breiðalsheiði, souvent sillonnés de rennes sauvages. En remontant le cours de la rivière Breiðalsá, on aperçoit souvent des pêcheurs de saumon.

■ COLLECTION DE PIERRES DE PETRA (STEINASAFN PETRU) ★★

Fjarðarbraut 21
Stöðvarfjörður
✆ +354 475 8834
www.steinapetra.is
info@steinapetra.is
Sur la route principale.

C'est dans sa propre maison que Petra (1922-2012) a entassé sa collection de pierres. Depuis le jardin et jusque dans les moindres recoins de la maison, on trouve une imposante collection de pierres islandaises que la vieille dame a commencé à réunir en 1946. Depuis, d'autres spécimens du monde entier sont venus l'enrichir. L'amoncellement est plutôt kitsch mais à voir pour les amateurs. La pause est aussi souvent bienvenue pour prendre un peu l'air !

FÁSKRÚÐSFJÖRÐUR ★

Petit village de 654 habitants situé au pied d'une montagne abrupte donnant sur le fjord Fáskrúðsfjörður, à 80 km d'Egilsstaðir. Au large, les trois îles, Æðey, Andey et Skrúður, véritable paradis pour les oiseaux, ne sont accessibles qu'en bateau. Fáskrúðsfjörður était jadis une des principales bases des Français qui, il y a plus d'un siècle, pêchaient au large des fjords de l'Est. Ils y ont construit un hôpital et une chapelle. Le cimetière, où sont enterrés les marins français mais aussi belges, est situé sur la rive nord du fjord au lieu-dit Krossar. Et vous constaterez que les noms de quelques rues sont en islandais et en français. Des restaurations ont été également entreprises ces dernières années, en partenariat notamment avec la ville de Paimpol, afin de créer un véritable petit quartier français ! Le village est aujourd'hui jumelé avec la ville française de Gravelines.

Village de pêcheurs – cimetière français, Fáskrúðsfjörður.

VISITE

FRANSMENN A ÍSLANDI (FRANÇAIS D'ISLANDE)

Hafnargata 12
✆ +354 475 1170
www.fjardabyggd.is
fjardabyggd@fjardabyggd.is
Dans cette jolie maison de bois peinte en bleu, devant laquelle flottent les drapeaux islandais et français (aux couleurs communes), vous apprendrez tout sur ces pêcheurs français qui pendant trois siècles sont venus écumer les côtes islandaises. Jusqu'en 1914, environ 5 000 marins français pêchaient chaque hiver sur les bancs d'Islande. Ce musée émouvant leur consacre 2 documentaires, de nombreuses photos anciennes, objets et traces de l'héritage français dans ce petit bout du monde.

REYÐARFJÖRÐUR

La petite ville de Reyðarfjörður est située dans un environnement étonnant. Le fjord est encadré sur l'une des rives par d'imposants sommets rocheux et, de l'autre, par des collines verdoyantes. Un sentier mène au sommet de la montagne Grænafell, partiellement couverte de bouleaux rabougris. On a une vue superbe à partir du sommet. Völvuleiði, la « tombe de la voyante » est située sur les hauteurs de Hólmaháls. La légende raconte que jadis une voyante vivait à la ferme Sómastaðir dans le Reyðarfjörður. Avant de mourir, elle demanda à être enterrée au plus bel endroit du fjord, en prédisant que tant que ses os seraient là, le fjord ne connaîtrait jamais d'invasion par la mer. En effet, quand les pirates algériens arrivèrent en 1627 dans les fjords de l'est et tentèrent d'entrer dans le Reiðarfjörður, une grande tempête se leva et ils durent rebrousser chemin. Plus récemment, pendant la Seconde Guerre mondiale, un avion militaire allemand, qui était en route pour bombarder Reyðarfjörður, s'écrasa sur Völuhjalli, la « colline de la voyante ».

GRÆNAFELL

A l'ouest de la ville.
La randonnée la plus populaire des environs passe à travers quelques bouleaux rabougris, suit en partie la rivière Geithúsaá et arrive doucement au sommet pour une belle vue sur l'ensemble. Compter 2 heures de marche.

MUSÉE DE LA GUERRE

Heiðarvegur 37 ✆ +354 470 9000
Dans une ancienne base hospitalière, une exposition retrace la période de la Seconde Guerre mondiale et l'organisation de la vie quotidienne des Islandais à cette époque quand la ville servait de base militaire pour les alliés. Durant la Seconde Guerre mondiale, environ 25 000 soldats britanniques ont occupé l'Islande. En vérité, il s'agissait plus d'une cohabitation que d'une occupation, car les Islandais n'ont ni résisté, ni montré d'hostilité. Dans ce musée, vous pourrez revivre cette époque et admirer entre autres des objets et films d'époque.

ESKIFJÖRÐUR

Situé sur la rive nord du fjord le plus large de la côte est, Eskifjörður, port de 1 100 habitants, est dominé par le Holmatindur (985 m), dont la stature imposante réduit l'ensoleillement de la ville. Les anciens quartiers d'Eskifjörður ont pu être sauvegardés. La plupart des maisons ont été restaurées. A l'est, sur la route 954, se trouve l'ancienne mine d'Helgustaðanáma, l'un des plus grands gisements de spath d'Islande.

VERSION NUMÉRIQUE
OFFERTE
Obtenez votre guide numérique en scannant le QR code
ou rendez-vous sur le site
www.ebookfute.com
avec le code avantage
VAEXJJ
petit futé
ISLANDE
OFFRE VALABLE JUSQU'À L'ARRÊT DE COMMERCIALISATION DU TITRE EN FRANCE MÉTROPOLITAINE ET DANS LE MONDE ET SOUS RÉSERVE QUE LE NOMBRE DE TÉLÉCHARGEMENTS SOIT INFÉRIEUR OU ÉGAL AU NOMBRE D'EXEMPLAIRES DE GUIDES PAPIER IMPRIMÉS. FORMATS DISPONIBLES POUR SMARTPHONES, TABLETTES, LISEUSES ET ORDINATEURS PC OU MAC.
© PERFECTLAB - SHUTTERSTOCK.COM

Le cap Hólmanes est peuplé de nombreuses colonies d'oiseaux. Possibilité de nombreuses randonnées dans les montagnes environnantes où l'on peut voir des rennes, et pêche au saumon dans la rivière Eskifjarðará.

COLLECTION DE PIERRES DE SÖREN ET SIGURBORG ★

Lambeyrarbraut 5 ✆ +354 476 1177

Ici, c'est ouvert... quand vous voulez, s'il y a du monde ! En fait, il vaut mieux téléphoner auparavant ou simplement frapper à la porte pour découvrir une petite collection privée de plus de 1 000 roches volcaniques islandaises. L'histoire de cette collection remonte à 1976, lorsque Sören et Sigurborg lors d'une avalanche à Reydarfjordur. Depuis, la petite collection est devenue un bel amoncellement de pierres de toutes tailles, formes, et couleurs.

HÓLMANES ★

La péninsule de Hólmanes entre Eskifjörður et Reyðarfjörður est une réserve naturelle protégée et peuplée de nombreuses colonies d'oiseaux. Ici, vous avez la possibilité de faire de nombreuses randonnées dans les environs dont les montagnes toutes proches, où l'on peut voir des rennes et pêcher le saumon dans la rivière Eskifjarðará. Pour les amoureux des animaux, des dauphins, des visons et des renards sont également parfois visibles. Ouvrez l'œil ! Une belle excursion à faire pour se changer les idées, l'endroit est vraiment sublime.

MUSÉE MARITIME ★

Strandgata 39b ✆ +354 470 9063

Ce musée très typique occupe d'anciens entrepôts datant de 1816, il vous permettra de plonger dans l'histoire locale. Ainsi, une exposition d'objets est présente et montre l'attachement des Islandais à la mer, notamment durant la période de prospérité de la pêche au hareng. On trouve aussi d'autres objets des siècles derniers, comme du matériel médical ou des articles commerciaux. Très bien présenté, vous apprécierez cette visite aussi pédagogique qu'authentique. Si vous avez des questions, n'hésitez pas à les poser au personnel très accueillant.

NESKAUPSTAÐUR ★★

Neskaupstaður, une des bourgades les plus importantes de l'est du pays avec 1 450 habitants, vit de la pêche (chalutiers et nombreux petits bateaux). Cultures dans les campagnes au fond du fjord dans un beau cadre montagneux.

Excursion en bateau jusqu'à la baie de Norðfjörður. Dans cette partie de l'est se trouvent quelques-uns des sites les plus fascinants d'Islande, comme les rochers rouges de Rauðubjörg et Nípa, la falaise la plus haute du pays. Observation des colonies d'oiseaux et initiation aux contes et légendes, très nombreux dans cette région isolée.

MAISON DES MUSÉES DE NORÐFJÖRDUR (SAFNAHÚSIÐ) ★

Egilsbraut 2 ✆ +354 470 9000

www.visitfjardabyggd.is

sofn@fjardabyggd.is

Sous le même toit sont regroupées trois petites expositions variées et intéressantes. Un musée d'histoire naturelle avec une exposition d'oiseaux, minéraux, coquillages, d'animaux marins... La galerie Tryggvasafn qui présente les œuvres d'un artiste réputé en Scandinavie et natif du village, Tryggvi Olafsson, aux peintures abstraites et très colorées. Enfin, le musée maritime Jósafat Hinriksson pour découvrir l'importance de la pêche et de la construction navale dans l'histoire locale.

SEYÐISFJÖRÐUR ★★★

Seyðisfjörður est l'un des villages côtiers les plus jolis d'Islande. Il est blotti au fond d'un fjord si étroit et encaissé par de hautes montagnes que le soleil renonce, trois mois par an, à descendre dans la vallée. Durant cette période de l'année, la ville est souvent menacée par des avalanches. Au siècle dernier, en raison de son excellent port, Seyðisfjöður était un comptoir de commerce florissant. Le premier habitant de Seyðisfjörður, peu après 900, était Bjólfur (Beowulf), un Viking venant de Norvège. A la fin du siècle dernier, un certain nombre de Norvégiens s'installèrent dans l'est de l'Islande, attirés par la pêche miraculeuse au hareng. De cette époque datent les pimpantes petites maisons en bois, peintes de couleurs vives dans la tradition norvégienne. La remarquable église date également de ces temps prospères. Pendant la Seconde Guerre mondiale, Seyðisfjörður forma une base importante, d'abord pour les Britanniques et plus tard pour les Américains. Aujourd'hui, l'activité économique est toujours générée par la pêche et surtout par l'arrivée hebdomadaire des car-ferries qui, depuis 1975, viennent d'Ecosse et du Danemark.

■ DVERGASTEINN ★

Rive nord du fjord

L'ancien presbytère de Seyðisfjörður était situé à Dvergasteinn jusqu'en 1938 au moment où l'église fut transférée en ville. Une grosse roche d'aspect bizarre, Dvergasteinn, se trouve sur la plage entre la rive et l'ancienne ferme aujourd'hui désertée. Cette roche de forme conique, trouée de petits et gros alvéoles, est censée être la demeure des elfes. À défaut de les rencontrer, vous pourrez en tout cas vous émerveiller de cette roche atypique, dont les reliefs ont sûrement été formés par l'érosion, le vent ou encore par le gel.

L'église de Seyðisfjörður.

■ MUSÉE TECHNOLOGIQUE DE L'ISLANDE DE L'EST ★

Hafnargata 44

✆ +354 472 1696

www.tekmus.is – tekmus@tekmus.is

Le bâtiment de 1894, à l'origine la maison d'un commerçant norvégien, devint en 1906 le siège du premier télégraphe d'Islande. Dans ce musée technologique, vous pourrez admirer à la fois des expositions sur les maisons historiques de Seyðisfjörður et sur les télécommunications anciennes. Aux beaux jours, vous pouvez pique-niquer dans les jardins. Enfin, chaque mercredi, à 16h, le canon de la ville tire une salve à partir du musée. Une belle visite à faire.

EGILSSTAÐIR ★

Egilsstaðir, district d'une population de 2 200 habitants est le centre administratif de cette région connue pour son climat doux. La localité est située au bord du Lögurinn, un lac aux eaux colorées par les débris glaciaires. Long de 30 km, il s'agit en fait d'un renflement interminable sur l'un des fleuves les plus longs de l'Islande, le Lagarfljót. Près de Hallormastaðir, le lac est profond de 112 m. Ses allures de loch écossais et sa couleur opaline confortent dans leurs convictions ceux qui croient que le lac est le domaine du Lagarfljótsormurinn, un cousin du monstre du Loch Ness. Humour et superstition à la fois ! Une récompense est même offerte à ceux qui arrivent à immortaliser le monstre sur une photo.

CENTRALE HYDROÉLECTRIQUE KÁRAHNJÚKAR ★

✆ +354 515 9000

Pour un idée découverte originale, Landsvirkjun, la compagnie nationale islandaise d'électricité, ouvre les portes de la centrale hydroélectrique Fljótsdalur. Une plateforme d'observation a été construite en face dans la station Fljótsdalur et fournit une bonne vue sur la vallée, les équipements et les câbles de la station. Sur place, vous pourrez découvrir toute l'histoire du projet, puis visiter la centrale et enfin le barrage pour en comprendre parfaitement le fonctionnement.

FORÊT HALLORMSTAÐUR ★★

A 28 km d'Egilsstaðir sur la 931 qui est goudronnée.

Située au bord du lac, Hallormsstaður est la plus grande forêt de toute l'Islande. Elle couvre 740 ha. Appartenant à la société forestière étatique, elle est le meilleur exemple de reboisement en Islande et compte plus de 40 espèces d'arbres différentes (dont pas mal d'épicéas d'Alaska, de mélèzes, de sapins rouges et de pins). En 1899, le Parlement islandais votait une loi afin de protéger les bois à Hallormsstaður.

Hengifoss.

HENGIFOSS ET FARDAGAFOSS ★★

Voici deux cascades à ne pas manquer dans le coin. La première, Hengifoss, se trouve sur la rive ouest du Lögurinn, à un peu plus de 30 km au sud-ouest d'Egilsstaðir (route 931). La cascade Hengifoss, la troisième plus haute d'Islande, se jette de 120 m de hauteur dans un canyon encaissé. Un sentier pittoresque permet de s'en approcher. La chute d'eau de Fardagafoss (à quelques kilomètres à l'est d'Egilsstaðir sur la route 93) est un autre but d'excursion. Les randonneurs, qui se glissent derrière le rideau liquide, savourent instantanément la fraîcheur du lieu.

LAC LÖGURINN ★

A 16 km au sud d'Egilsstaðir sur la 931. Ce lac au cadre reposant et très agréable se situe dans la la vallée de Fljótsdalur. Les abords du lac Lögurinn, aussi appelé Lagarfljót du nom de la rivière qui la traverse, sont attrayants et invitent à de nombreuses promenades à pied. La légende raconte que, jadis, une jeune fille gardait une bague en or dans un coffret, mais quand elle l'ouvrit, la bague se transforma en ver. Dégoûtée, elle jeta le tout dans le lac. Le ver grossit et grossit pour prendre les proportions gigantesques d'un monstre, le célèbre serpent de mer Lagarfljótsormurinn.

MAISON DE GUNNAR GUNARSSON (GUNNARSSTOFNUN) ★

Skriðuklaustur
✆ +354 471 2990
www.skriduklaustur.is
klaustur@skriduklaustur.is
A 5 km au sud de Hengifoss.
Cette très belle maison en pierre noire apparente était la maison de l'écrivain Gunnar Gunarsson (1889-1975). Construite en 1939 à son retour du Danemark, elle présente sa vie et son œuvre ainsi que des expositions temporaires. Aux pieds de la maison a été découvert en 2000 un site archéologique majeur, celui d'un ancien monastère chrétien du XVIe siècle (1494-1563). Les fouilles continuent encore chaque été. Bon restaurant au sous-sol de la maison avec des spécialités islandaises.

MUSÉE DE L'EST DE L'ISLANDE ★★

Laufskógar 1
✆ +354 471 1412
www.minjasafn.is
minjasafn@minjasafn.is
Ce musée a deux expositions permanentes : l'une sur les rennes, introduits dans la région au XVIIIe siècle, l'autre sur la vie rurale dans l'est de l'Islande à travers les siècles. L'Est est d'ailleurs la seule région d'Islande dans laquelle on peut croiser des rennes, gardez l'œil ouvert ! Sur place, un petit café et une boutique de souvenirs. Le week-end, on peut parfois assister aux différentes phases de la préparation de la laine ou faire un tour en calèche.

VALTHJÓFSSTAÐUR ★

Il est agréable de faire une balade dans la forêt de Hallormstaður (la plus vaste forêt d'Islande) et de s'arrêter près du pont de pierre, où se trouve la chapelle campagnarde de Valthjófsstaður. Celle-ci est célèbre pour sa porte en bois sculpté datant du Moyen Age (motif « le chevalier et le lion »), la seule porte sculptée médiévale islandaise, exposée au Musée national d'Islande. Prenez donc une pause pour admirer l'église et en faire le tour. Plus loin en contrebas de la route, vous tomberez sur la maison de l'écrivain Gunnar Gunnarsson (Skriurklaustur).

BORGARFJÖRÐUR EYSTRI ★★

Paisible village de pêche de 100 habitants. Il est environné de montagnes de rhyolite colorées, dominées par les impressionnantes crêtes de basalte de Dyrfjöll, la « porte de la montagne ». Ce nom vient de la large brèche au milieu des crêtes. Dyrfjöll est l'une des montagnes les plus impressionnantes d'Islande.
Le peintre le plus connu d'Islande, Kjarval, vécut à Borgarfjörður Eystri au début du siècle. La magnifique nature environnante inspira ses plus grandes œuvres. Hafnarhólmi est un endroit protégé où l'on peut voir de près de nombreux macareux moines, eiders, mouettes tridactyles et autres oiseaux de mer.

HAFNARHÓLMI ★★

A l'est de Bakkagerdi sur la route 94.
Si vous souhaitez observer les oiseaux islandais, vous serez ravis ici ! Hafnarhólmi est un endroit protégé où l'on peut voir de près, sur une plateforme d'observation accessible via un escalier, de nombreux macareux moines, eiders, mouettes tridactyles et autres oiseaux de mer. Ils arrivent pour la plupart à la mi-avril puis repartent à la mi-août. Le long de la côte depuis Borgarfjörður, on trouve plusieurs baies bien protégées. On y comptait une vingtaine de fermes jusqu'au début du siècle. Elles sont aujourd'hui toutes désertées.

HVÍTSERKUR ★★

Le mont Hvítserkur (775 m d'altitude) est en rhyolite, tuf de lave qui lui donne sa couleur particulière, c'est l'un des plus beaux monts du pays. Une randonnée populaire de la région, attention pour ceux qui ont le vertige par contre !

VOPNAFJÖRÐUR ★

Vopnafjörður est un petit port de pêche de 560 habitants. La région compte parmi les meilleures rivières à saumon (Hofsá, Vesturdalsá et Selá). Le prince Charles est devenu ici, au cours des années, un adepte de la pêche au saumon… Comme le témoigne d'ailleurs un épisode de la saison 4 de la série *The Crown*. Une référence ?

MUSÉE EN PLEIN AIR DE BUSTARFELL ★★

Route 920, Vallée de Hofsárdalur
✆ +354 844 1153
www.vopnafjordur.com
bustarfell@simnet.is
La vieille ferme de tourbe Bustarfell (plusieurs bâtiments alignés), bien préservée, est l'un des plus beaux musées folkloriques d'Islande. La partie la plus ancienne de la ferme date de 1770. Facilement reconnaissable par ses pignons peints en rouge, elle est composée de 6 petites maisons reliées entre elles par des murets d'isolation en pierre et recouvertes de toits de tourbe. Café sur place. Accès bien balisé depuis la route 85, au sud-ouest de Vopnafjörður.

ÞÓRSHÖFN ★

Malgré le fait que Þórshöfn ait servi de port depuis les débuts de la colonisation, la population n'est que de 400 habitants. Au début du siècle, la pêche au hareng était une entreprise prospère, mais les disparitions cycliques du hareng ont entraîné une crise sévère. Plusieurs ports dans le nord ont connu la faillite… La plaine Melrakkaslétta, sur la péninsule au nord de Þórshöfn, est le seul endroit de l'Islande qui touche le cercle polaire (à part l'île de Grímsey au large d'Akureyri).

LE NORD-EST

Le Nord-Est de l'Islande, pays de contrastes, se caractérise par une forte activité volcanique, très variée autour du lac Mývatn, qui est aussi un site ornithologique exceptionnel. Plus au sud, le désert volcanique s'étend jusqu'au nord du Vatnajökull. La principale rivière de la région est la Jökulsá à Fjöllum, qui traverse de nombreuses chutes jusqu'à la côte nord. Toute la dernière partie formant un canyon est aujourd'hui sous la protection des parcs nationaux. Les températures estivales, ici, dans le nord, sont paradoxalement supérieures à celles du sud, en raison de la direction des vents. En outre, les variations de température entre l'été et l'hiver sont plus marquées que dans le reste du pays. Mývatn est l'une des régions les plus sèches d'Islande, les sommets du Vatnajökull faisant barrière aux nuages venant de la mer de Norvège. Les vents du sud provoquent parfois des tempêtes de sable sur la route à l'est de Mývatn, qui traverse de hauts plateaux désertiques. Plus loin, la route n° 1 traverse Akureyri, la très agréable « capitale du Nord » située au fond du plus long fjord d'Islande. L'arrière-pays d'Akureyri est très fertile avec ses prairies, bordées de lupins bleus et mauves. Ces terres sont idéales pour l'élevage de vaches laitières.

LA RÉGION DE MYVATN

GRÍMSSTAÐIR ★

A proximité de Grímsstaðir, à mi-chemin de Mývatn, la végétation refait une apparition discrète. A l'horizon, on peut voir une rangée de cônes triangulaires, forme caractéristique des anciens volcans. Du haut de ses 1 682 m, la majestueuse montagne Herðubreið, la « reine des montagnes islandaises », domine des hautes terres désolées. C'est le désert minéral d'Odadahraun d'où surgissent par endroits des pitons volcaniques d'une roche plus dure que les autres, ayant mieux résisté à l'érosion. Par intermittence, le long de la route, on peut voir de nombreux cairns. Ils rappellent ces temps où les voyageurs n'avaient pour repère que ces quelques pierres empilées pour retrouver le tracé de la route qui n'existait pas encore dans ces vastes solitudes. Une petite église luthérienne de la taille d'une maison de poupée se niche dans ce splendide isolement. En hiver, l'endroit ne compte que 8 habitants... Vers l'embranchement de la piste pour le volcan Krafla, des champs de lave nouveaux se sont figés dans des figures torturées et coupantes, et au-delà on aperçoit déjà le panache blanc des fumerolles des solfatares de Námafjall. C'est une zone de géothermie de haute température qui fume et qui sent mauvais comme quelque gigantesque usine infernale. Au milieu de ce désert minéral, seules quelques oasis de verdure et d'humanité, comme les rivages du lac Mývatn, offrent un abri plus accueillant.

HERÐUBREIÐ

Du haut de ses 1 682 m, la majestueuse montagne Herðubreið, la « reine des montagnes islandaises », domine ces hautes terres désolées du désert d'Odadahraun.

ÁSBYRGI

Ásbyrgi, la « forteresse des dieux », est une dépression en forme de demi-cercle bordée à l'extérieur par une courbe de 3,5 km de falaises verticales de 100 m de hauteur, et à l'intérieur par une ligne de falaises semblable mais plus petite. A l'abri de ces hautes murailles, dans un majestueux cirque, une véritable oasis où pousse une forêt de bouleaux tortueux et de saules arctiques, avec un sous-bois luxuriant. Tout au fond, entouré de falaises vertigineuses, scintille Botnstjörn, un petit lac limpide. Cette curiosité géologique est sans doute due à une éruption volcanique, suivie d'une inondation catastrophique de la Jökulsá ayant creusé ce gigantesque cirque en forme de fer à cheval. Ou bien est-elle, comme le rapporte la légende, l'empreinte d'un fer à cheval, l'un des huit fers de Sleipnir, le cheval sur lequel Odin, père fondateur dans la mythologie nordique, parcourt inlassablement les Mondes ! Près d'Ásbyrgi, pendant des siècles, la ferme d'Ás dans Kvelduhverfi (Ásbyrgi) a été l'une des plus grandes propriétés terriennes d'Islande. Son domaine s'étendait de la mer au nord jusqu'à la chute de Dettifoss au sud.

DETTIFOSS

La chute d'eau de Dettifoss, située dans un paysage lunaire, est la cascade la plus puissante d'Europe. C'est elle qui a eu les faveurs de Ridley Scott pour la scène d'ouverture de *Prométheus* (2012). Dettifoss se jette sur 45 m de hauteur et 100 m de largeur au bout d'un canyon qu'elle a creusé dans le basalte. Le spectacle est d'autant plus époustouflant que l'on peut approcher la chute de très près. Attention : ça glisse ! L'accès au site (à 48 km de Mývatn) se fait soit par la rive gauche de la Jökulsá (route 862) soit par la rive droite (route 864).

JÓKULSÁ

Avec une longueur de 206 km, la Jökulsá à Fjollum est la deuxième rivière d'Islande. Ses eaux brunes serpentent à travers de vertigineuses gorges de basalte. Le parc national commence au sud, à Dettifoss, le long des gorges de la Jökulsá ; gorges qui sont les plus longues et les plus impressionnantes d'Islande. S'étendant sur 25 km, elles ont jusqu'à 500 m de largeur et plus de 100 m de profondeur par endroits. Le canyon supérieur, de Dettifoss à Syðra-Þórunnarfjall, est le plus profond (jusqu'à 120 m) et le plus grandiose, une merveille à voir.

REYKJAHLIÐ

Situé sur la rive nord du lac Mývatn, le cœur touristique est concentré autour de l'église qui, encerclée de scories, fut menacée par des coulées de lave au début du XVIIIe siècle. Le village est très animé en été mais un peu désert en hiver.

SKÚTUSTAÐIR

Skútustaðir est un peu le pendant de Reykjahlíð (à 15 km de là) sur la rive sud du lac Mývatn. S'y trouvent notamment de nombreux pseudo-cratères, des cônes aux pentes plus ou moins nues, surmontés d'un cratère fermé, ne sont pas de véritables volcans mais d'étranges formations dues au contact de l'eau de Mývatn et de la lave. Un sentier parcourt ce site protégé, plus intéressant que beau. A partir de cette rive, un sentier monte au sommet du Vindbelgarfjall, le « mont venteux », volcan massif d'où l'on a une belle vue sur le lac. L'hiver on peut expérimenter équitation, golf, bowling et autres... sur lac gelé.

LAC MÝVATN

Mývatn, le quatrième lac d'Islande par sa superficie (38 km²), est l'un des sites les plus riches du pays du point de vue géologique et ornithologique. C'est une réserve naturelle depuis 1976. Le climat y est relativement sec et chaud pour la latitude (65,5 degrés Nord). Reykjahlíð, sur la rive nord, et Skútustaðir au sud, sont les seuls villages de la région. Reykjahlíð est un peu le centre touristique de la région du lac. Les rives de ce dernier, assez plates, permettent d'en faire le tour à pied. Il y a de nombreuses possibilités de randonnées et les sites géothermiques nombreux en font un lieu privilégié pour passer quelques jours. Plusieurs sentiers sont balisés, et mieux vaut ne pas s'en écarter.

LES GRANDES ÉTAPES DU NORD

HÚSAVÍK ★★★

La « baie des maisons », est un charmant petit port rempli de bateaux de pêche aux coques à clins colorés. La jolie église, qui date du début du siècle, est l'une des plus belles d'Islande. Une piste monte au sommet du mont qui domine la ville. Húsavík est aussi l'un des meilleurs endroits pour voir le soleil de minuit, mais c'est surtout le point de départ le plus populaire d'Islande pour l'observation des baleines.

Sorties en mer et observation des baleines. Les baleines sont normalement en vue après un trajet de 45 minutes (on est assuré de voir des baleines à 98 % des sorties). De petits rorquals se montrent pratiquement à chaque fois. Des baleines plus grandes comme la baleine à bosse et l'imposante baleine bleue ne se montrent que de temps à autre, tout comme l'orque ou « baleine tueuse ». En revanche, les dauphins et les marsouins sont très communs dans cette région.

Église d'Húsavík.

MUSÉE DE LA BALEINE (HÚSAVÍK WHALE MUSEUM) ★★

Hafnarstétt 1
✆ +354 414 2800
www.whalemuseum.is
info@whalemuseum.is

Cette organisation à but non lucratif a été fondée en 1997. L'objectif est de transmettre des informations sur les baleines, l'écologie marine et l'interaction entre les baleines et les hommes à travers l'histoire, d'une manière divertissante et intéressante. C'est l'un des rares musées au monde à se consacrer exclusivement aux baleines. Les visiteurs trouveront 11 squelettes, dont celui d'une baleine bleue de 25 m de long, ainsi que d'autres expositions.

MUSÉE RÉGIONAL (SAFNAHÚSIÐ) ★

Stórigarður 17
✆ +354 464 1860 – www.husmus.is
safnahus@husmus.is

Plusieurs musées en un : histoire, folklore, mer, biologie, photos, archives... On y trouve différents documents concernant la ville et son histoire, une bible imprimée en 1584, ou encore une bibliothèque et une galerie d'art. C'est aussi un musée d'Histoire naturelle dans lequel on peut voir, empaillé, le plus grand ours polaire capturé en Islande. En effet, il arrive que des ours débarquent en Islande sur des fragments de banquise qui dérivent jusqu'aux côtes.

GOÐAFOSS ★★

Entre Myvatn et Akureyri, sur la route 1, on arrive assez rapidement à une vallée, verte et abritée, avec quelques grandes fermes. La route remonte sur un plateau avant de redescendre vers Goðafoss, une célèbre chute d'eau située dans une dépression et formée par trois chutes d'eau disposées en arc de cercle. En l'an mil, lors de la conversion de l'Islande au christianisme, Thorgeir Goði, un important chef de clan de Ljósvatn présidant le Parlement à Þingvellir, prit cette décision d'importance historique : à son retour chez lui, il jeta dans la chute les effigies de ses anciens dieux païens. Depuis lors, elle porte le nom de « chute des dieux ».

AKUREYRI ★★

Akureyri, la plus grande ville d'Islande hors de l'agglomération de Reykjavik, est située au fond de l'Eyjafjörður, le « fjord des îles ». Malgré sa situation proche du cercle polaire, le nombre d'arbres dans et autour de la ville est relativement important dans ce pays pratiquement dépourvu de forêts. Au printemps, toute la ville d'Akureyri embaume du parfum des nombreux sorbiers des oiseleurs en fleurs. Akureyri essaye de se donner des airs de « grande ville », et l'ambiance qui y règne le samedi soir rappelle, dans une moindre mesure, celle de Reykjavik. C'est aussi un important carrefour culturel grâce à la présence de musées, d'un théâtre, d'une bibliothèque, et de la seule université du pays en dehors de celle de Reykjavik. L'été, la région jouit d'un climat relativement sec et chaud. L'hiver, la ville accueille de nombreux skieurs, ce qui en fait la station de sports d'hiver la plus fréquentée d'Islande.

Búdargil, l'ancien centre-ville. C'est une petite pointe au bout d'une langue de terre alluviale déposée par le torrent venant de Búdargil. Au siècle dernier, une figurine (représentant le dieu païen Thor) fut trouvée à cet endroit, une découverte archéologique de première importance.

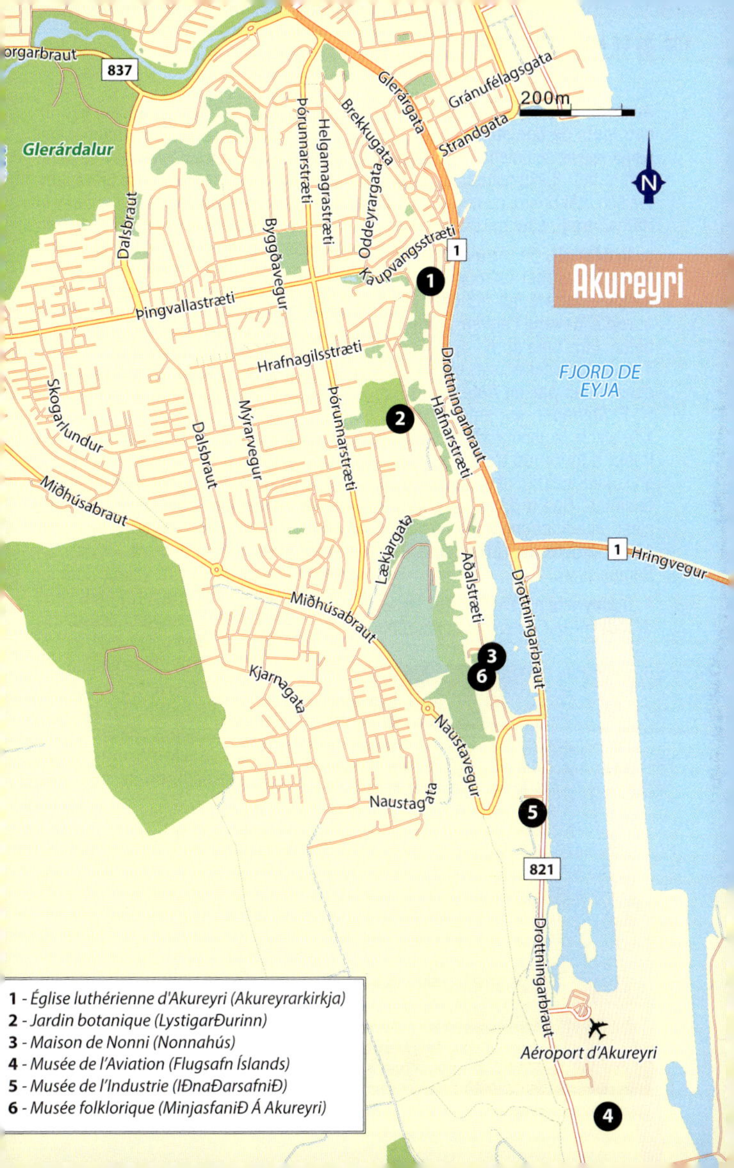
Akureyri
FJORD DE EYJA
200m
N
Glerárdalur
Borgarbraut
837
Dalsbraut
Glerárgata
Gránufélagsgata
Strandgata
Brekkugata
Þórunnarstræti
Helgamagrastræti
Oddeyrargata
Byggðavegur
Kaupvangsstræti
1
Þingvallastræti
Hrafnagilsstræti
Skogarlundur
Mýrarvegur
Drottningarbraut
Hafnarstræti
Miðhúsabraut
Lækjargata
Aðalstræti
Hringvegur
Kjarnagata
Naustavegur
Naustagata
821
Aéroport d'Akureyri
1 - Église luthérienne d'Akureyri (Akureyrarkirkja)
2 - Jardin botanique (LystigarÐurinn)
3 - Maison de Nonni (Nonnahús)
4 - Musée de l'Aviation (Flugsafn Íslands)
5 - Musée de l'Industrie (IÐnaÐarsafniÐ)
6 - Musée folklorique (MinjasfaniÐ Á Akureyri)

Au départ, il n'y avait que quelques entrepôts de commerce avant que la petite ville ne commence à se développer tout autour. Laxdalshús, la plus vieille maison d'Akureyri, au numéro 11, de la Hafnarstræti, date de 1795.

Grófargil, le nouveau centre-ville. Ce quartier est connu par la rue Kaupvangstræti qui remonte la pente abrupte devant l'église moderne en béton. Plus près du fjord, sur la grève, il y avait jadis des écuries et une auberge construites par un Américain George H.-F. Schrader, qui aida au début du XXe siècle la population au chômage.
Il leur a fourni du travail et a fait des donations à différentes œuvres de bienfaisance. Quant à l'église d'Akureyri, c'est un édifice moderne consacré en 1940, œuvre de l'architecte Guðjón Samúelsson.

Oddeyri, le port industriel. La pointe d'Oddeyri, qui accueille aujourd'hui le port industriel, était un ancien site de l'assemblée parlementaire mentionnée déjà dans les anciennes sagas de Glum le Meurtrier et des Gens du Ljósavatn. C'était justement à ce Parlement que le dernier évêque catholique d'Islande, Jón Arason, fut convaincu de trahison avec ses deux fils, en 1550, et condamné à la peine capitale. Plus tard, en 1872, la compagnie Gránufélagið ouvrit un comptoir commercial, ici sur la pointe, avec une fabrique d'huile de foie de morue. De grands chaudrons sur des fourneaux alimentés au charbon servaient à faire bouillir les foies du poisson pour en extraire l'huile.

Glerárhverfi, le « village ». Dans la seconde moitié du XIXe siècle, une petite communauté commença à se développer sur la rive nord de la Glerá, « rivière de verre ». Au départ, le village (connu sous le nom de Gleráthorp) était situé immédiatement à l'extérieur des limites de la ville, car, en ville, la construction de maisons en tourbe était interdite. Ici, les gens pauvres pouvaient construire leurs maisons en tourbe. En 1955, le village de Gleráthorp a finalement été incorporé dans la ville d'Akureyri, mais encore aujourd'hui, on se réfère au « village ».

Église luthérienne d'Akureyri.

ÉGLISE LUTHÉRIENNE D'AKUREYRI (AKUREYRARKIRKJA) ⭐

Eyrarlandsvegur
www.akirkja.is
akirkja@akirkja.is
Symbole de la ville, cette église luthérienne de l'architecte Gudjon Samuelsson, se dresse majestueusement sur la petite colline du centre-ville. Elle a été achevée en 1940. À l'intérieur, vous pourrez apprécier un style tout en

sobriété, qui contraste avec la beauté des vitraux colorés. En sortant, admirez la vue sur la ville (depuis le haut des marches). N'hésitez pas ensuite à faire un tour au jardin botanique gratuit et situé à proximité, vraiment joli.

JARDIN BOTANIQUE (LYSTIGARÐURINN) ★

Eyrarlandsvegur
✆ +354 462 74 87
www.lystigardur.akureyri.is
reservations@icehotels.is

Ce jardin public créé en 1912 s'est enrichi d'une section botanique en 1957. Il s'étend à deux pas du camping et rassemble toutes les espèces végétales d'Islande. La douceur du climat du nord-est permet également la survie de certaines espèces, très rares dans le reste de l'île. C'est un agréable lieu de promenade adapté également aux enfants et très bien entretenu. Vous y trouverez aussi un café et des toilettes pour faire une pause entre deux visites.

MAISON DE NONNI (NONNAHÚS) ★

Aðalstræti 54
✆ +354 462 4162
nonni@nonni.is

La maison Nonnahús, construite en 1850, est une des plus anciennes d'Akureyri. Il s'agit de la maison natale du pasteur jésuite Jón Sveinsson (1857-1944), auteur de livres pour enfants sous le nom de plume Nonni. On peut y voir une collection d'objets personnels et ses éditions en plusieurs langues. Jón Sveinsson n'avait que 12 ans à la mort de son père, mais un homme de noblesse française paie ses études en France. Ce n'est qu'à l'âge de 55 ans qu'il se consacre à l'écriture.

MUSÉE DE L'AVIATION (FLUGSAFN ÍSLANDS) ★

Aéroport, Flugvöllum
✆ +354 461 44 00
www.flugsafn.is
flugsafn@flugsafn.is

Ouvert en 2000, ce musée, situé dans un vaste hangar de l'aéroport, a pour mission de préserver et présenter l'histoire de l'aviation islandaise qui a débuté seulement en 1919. Photos, maquettes et avions en présentent les plus importants aspects, avec également des anecdotes. Certains sont d'ailleurs encore en fonctionnement ! Très apprécié par les familles, on peut également monter à bord des appareils pour prendre de multiples photos ou *selfies*.

MUSÉE DE L'INDUSTRIE (IÐNAÐARSAFNIÐ) ★

Krókeyri 2
✆ +354 462 36 00
www.idnadarsafnid.is
idnadarsafnid@idnadarsafnid.is

Ce musée retrace l'histoire industrielle de l'Islande. Tous les types d'industries sont évoqués ainsi que les grandes compagnies locales et étrangères qui ont opéré (et opèrent encore) sur le territoire. De nombreuses machines d'époque sont visibles : ordinateurs, téléphones... On vit un vrai bond dans le temps, avec de belles (re) découvertes ! Très accueillant, le personnel vous fournira de nombreuses anecdotes et répond à toutes vos questions.

MUSÉE FOLKLORIQUE (MINJASFANIÐ Á AKUREYRI) ★

Aðalstræti 58
✆ +354 462 4162
www.minjasafnid.is
minjasafnid@minjasafnid.is

Le musée retrace l'histoire de la ville et du fjord à travers divers objets et œuvres d'art. Des expositions temporaires sont également organisées en été sur des thèmes variés comme les promenades historiques, soirée de chant dans l'église du musée, journée de marché à Laufás, préparations de Noël à Laufás, etc. La petite église du musée aux murs noircis par l'enduit du goudron (la plus ancienne de la ville) accueille également le Festival de chant des nuits d'été.

EYJAFJÖRÐUR

GRENIVIK ★

Grenivík est un hameau de pêche de 265 habitants, situé au bout d'une route sans issue sur la rive nord de l'Eyjafjörður. A quelques kilomètres avant Grenivík se trouve l'ancienne ferme de tourbe de Laufás, intéressant témoin de la vie d'autrefois.

LAUFÁS MUSÉE EN PLEIN AIR ★

✆ +354 463 3194
www.minjasafnid.is
minjasafnid@minjasafnid.is

Vous pourrez ici admirer une ancienne ferme de tourbe restaurée, flanquée d'une jolie petite église. La vieille ferme du presbytère, aujourd'hui sous la protection des musées nationaux, est l'un des meilleurs exemples du style traditionnel de construction en Islande. Il y avait habituellement de 20 à 30 personnes qui vivaient dans cette ferme prospère dans un terre fertile. En 1936, le dernier pasteur quittait Laufás et la ferme n'a pas été habitée depuis.

DALVÍK ★

Dans ce petit village de pêcheurs, se trouve un musée qui expose plusieurs objets ayant appartenu à Jóhann Kristinn Pétursson (1913-1984), l'homme le plus grand du monde. Mesurant 2,34 m, il passe la plus grande partie de sa vie aux Etats-Unis s'exposant dans des foires. A la fin de sa vie, il revint en Islande où il passa ses dernières années.

MUSÉE EN PLEIN AIR HVOLL ★

Karlsauðatorg ✆ +354 466 1497

Ce musée présente plusieurs objets ayant appartenu à Jóhann Kristinn Pétursson (1913-1984), l'homme le plus grand du monde qui mesurait 2,34 m. En dehors de quelques personnalités locales, le musée propose également une rétrospective sur la vie et les métiers de la région à travers plusieurs objets, des œuvres d'art d'artistes locaux et une section dédiée à l'histoire naturelle avec plusieurs oiseaux, mammifères et plantes locaux, dont un ours polaire. Une partie de l'exposition aborde aussi le tremblement de terre qui eut lieu à Dalvik en 1934.

SVARFAÐARDALUR ★★

Pour les randonneurs, à partir de Dalvík, la route 805 en cul-de-sac pénètre dans la vallée de Svarfaðardalur, une réserve naturelle et paradis des ornithologues, plus loin s'étend la région sauvage de la péninsule de Tröllaskagi. Les trolls étaient des géants cruels qui habitaient parmi ces pics déchiquetés, ces crevasses rocheuses et ces torrents impétueux. S'avançant entre deux grands fjords, l'Eyjafjörður et le Skagafjörður, le massif de Tröllaskagi, la « péninsule des trolls », s'élève à plus de 1 500 m d'altitude, avec ses glaciers et ses précipices.

ÎLE DE HRÍSEY ★★

Hrísey est une petite île plate et verte dans le fjord d'Eyjafjörður, entièrement couverte d'herbe. Cette île, large seulement de 1 à 2 km, s'étire sur 7 km en s'amenuisant vers le nord. C'est un excellent endroit pour observer le soleil de minuit raser l'horizon de l'océan avant de remonter pour une nouvelle journée. C'est également un endroit intéressant pour les amateurs d'ornithologie. A la fin du XIXe siècle, un homme, au nom de Jörundur Jónsson, organisa la pêche au requin à partir de Hrísey. En Islande, manger du requin est une une fierté et une tradition de longue date. La viande est coupée en lanière et séchée à l'air libre pendant plusieurs semaines. Il faut un permis pour visiter la partie nord de l'île ; c'est une propriété privée servant d'élevage d'eiders. L'eider royal mâle, avec sa tête bariolée, est un oiseau magnifique, mais c'est une espèce rare. Son cousin, l'eider ordinaire, contribue par son duvet à la fabrication locale des édredons. En effet, les femelles garnissent leur nid de duvet, extrêmement léger, chaud et isolant, que les fermiers ramassent après l'envol des oisillons. Hrísey comporte également la plus grande colonie de sternes arctiques.

LA MAISON DU REQUIN JÖRUNDUR ★

✆ +354 695 0077
www.hrisey.is
hrisey@hrisey.net

Cette maison est la plus ancienne de l'île, elle a été construite en 1885-1886 par Jörundur Jónsson, qui a utilisé du bois provenant des navires norvégiens échoués sur l'île. À l'origine située plus haut, elle a été déplacée à son endroit actuel en 1917. Une statue commémorative est cependant située à son emplacement original. À l'intérieur, le petit musée évoque la pêche au requin en Islande avec des objets et documents. Le lieu fait aussi office de centre d'information.

VISITE

Hrísey.

ÎLE DE GRIMSEY ★★

Grímsey est une petite île rocheuse de 6 km sur 2 km. Sur ce bout du monde entièrement dépourvu d'arbres vivent 103 habitants. L'île, traversée par le cercle polaire arctique, est par conséquent le point le plus septentrional d'Islande. Une vieille légende raconte que, avant que les humains ne s'y établissent, l'île était habitée par des trolls. Mais un beau jour, ils furent presque tous tués par un homme appelé Grímur. Cependant, étant le seul humain sur l'île, Grímur dut se marier avec une femme troll. Les habitants de Grímsey sont censés en être les descendants. De toute façon, il faut beaucoup de force et de courage pour vivre sur une île arctique au bout du monde, tellement isolée de tout. Aujourd'hui, beaucoup de touristes et d'Islandais viennent pour franchir le cercle polaire, invisible mais signalé par un panneau au bout de l'aérodrome. L'île abrite également de nombreux oiseaux : macareux moines, guillemots de Brünnich, mouettes tridactyles.

ÎLE DE FLATEY ★★

Le « large fjord », Breiðafjörður, compte entre 2 000 et 3 000 îles et îlots qui forment autant de refuges pour les oiseaux marins et les phoques gris. Flatey, une île plate de seulement 0,5 km^2, est la seule île habitée toute l'année. Devant le village, un vieux cratère sert de port pour abriter les bateaux. Le phare est solidement ancré aux rochers, isolé du reste du monde. Flatey est un endroit très reposant et se prête parfaitement à d'agréables promenades. Le village est charmant et les prairies fleuries font penser aux îles Anglo-Normandes. L'église, isolée à droite du village, rappelle certains films sur l'Ouest américain. Elle est toujours ouverte. Un tableau représente Jésus en islandais (cheveux blonds, l'air d'un Viking). Et si l'on monte à la galerie, on a un magnifique panorama sur l'île. La côte vers Stykkisholmur est généralement laissée aux moutons, mais on y voit également quantité d'oiseaux et quelques belles carènes en bois, blanchies par la mer. Sur l'île se trouve également une réserve naturelle qu'on peut visiter sauf lorsque les sternes sont en train de nidifier, à moins qu'on veuille revivre en direct le film d'Hitchcock *Les oiseaux*...

RÉSERVE NATURELLE ★★

L'île de Flatey est un paradis pour les ornithologues, car c'est une zone de nidification importante en Islande. Les oiseaux y vivent et s'y reproduisent en nombre. Il faut prendre le temps de parcourir l'île et ses espaces naturels, avec des spots comme les falaises de Lundaberg. Prenez en compte les périodes de nidification, du 15 mai au 15 juillet, l'extrémité est de l'île est interdite car c'est une zone de nidification pour l'eider. De même, les sternes peuvent se montrer agressives lorsqu'on approche de leur zone de reproduction.

ÓLAFSFJÖRÐUR ★★

Un petit port de pêcheurs encadré par d'imposantes montagnes. Pas étonnant que le village restait très isolé avant d'être relié à Eyjafjörður par un tunnel de 3,4 km. A une courte distance d'Ólafsfjörður se dresse Hvanndalabjarg, les falaises les plus imposantes d'Europe qui dominent la mer du haut de leurs 600 m.

LE NORD-OUEST

Le nord-ouest du pays est une région belle et sauvage, essentiellement rurale où de petites plaines fertiles se tapissent en contrebas d'imposantes montagnes qui précèdent les hauts plateaux inhabités de l'intérieur. La population clairsemée se concentre dans les agglomérations de Siglufjörður, Hofsós, Sauðárkrókur, Varmahlíð, Skagaströnd, Blönduós, Hvammstangi et Laugarbakki.
C'est ici la patrie de nombreuses sagas comme la Saga de Vatnsdæla et la Saga de Grettir.

LES PETITES PÉNINSULES DU NORD-OUEST

SIGLUFJÖRÐUR ★★

Une des villes les plus septentrionales d'Islande, située dans un paysage grandiose, à la pointe nord de Tröllskagi. De 1900 à 1970, Siglufjörður était un port célèbre pour son hareng, jusqu'au moment où celui-ci disparut des eaux islandaises. Depuis, Siglufjörður accueille les touristes et vit avec le souvenir de ses années dorées. Dans les environs de Siglufjörður, vous pourrez suivre des sentiers de randonnée tel celui qui passe par le Hólsskatð et le Hestsskarð jusqu'au fjord de Héðinsfjöður, abandonné depuis longtemps.

CENTRE DE MUSIQUE FOLKLORIQUE ★

Norðurgata 1
✆ +354 467 2300
www.folkmusik.is
setur@siglo.is

Installé dans la maison du révérend Bjarni Thorsteinsson, qui vécut là entre 1888 et 1898, ce centre a pour vocation de faire découvrir la musique folklorique islandaise. On y découvre des vidéos d'Islandais en train de chanter des poèmes épiques, des chants à cinq et des comptine ou jouant des instruments traditionnels comme le violon islandais. Des concerts y sont organisés, il faut consulter le programme sur leur site. Une façon de faire vivre les traditions musicales insulaires.

MUSÉE DE L'ÈRE DU HARENG (SÍLDARMINJASAFNIÐ) ★

Snorragata 10
✆ +354 467 1604
www.sild.is
safn@sild.is

Les cinq bâtisses qui composent le musée correspondent à d'anciennes unités de conservation (congélation, salaison...) et de conditionnement du hareng. Moult objets et documents permettent de découvrir la vie locale au temps de l'« âge d'or » de l'harengaison : équipement des harenguiers, techniques de conservation, informations sur le célèbre poisson (parfois nommé l'« or islandais ») qui représenta jusqu'à 20 % des exportations islandaises, etc.

HORNSTRANDIR
Hornbjarg
511 m
Jökulfirðir
577 m
Snæfjall
793 m
825 m
925
Drangajökull
Hrolleifsborg
851 m
402 m
698 m
625 m
Rauðanupsvatn
Djúpavík
Bolungarvík
Suðureyri
Hnífsdalur
Ísafjörður
ÍSAFJARÐARDJÚP
Flateyri
Verfell
676 m
Súðavík
Île de Vigur
60
647 m
61
957 m
Reykjanes
266 m
Ingeyri
998 m
Dynjandi (chutes)
920 m
Gláma
VESTFIRÐIR
61
Arnarfjörður
509 m
60
601 m
Hólmavík
Bíldudalur
674 m
Réserve naturelle
881 m
Patreksfjörður
Tálknafjörður
Flókalundur
61
Vatnsdalur
386
Falaises de Látrabjarg
458 m
420 m
60
Brjánslækur
62
608 m
556 m
Rauðasandur
468 m
663 m
Skáleyjar
559 m
Reykhólar
Króks-Fjardarnes
Flatey
Svefneyjar
Hvolsfjall
Hafratindur
923 m
60
BREIÐAFJÖRÐUR
Efri-Langey
496 m
Fremri-Langey
Elliðaey
Brokey
Búðardalur
Stykkishólmur
Hvammsfjörður
57
Skógarströnd
Grundarfjörður
Ólafsvík
VESTURLAND
60
986
54
Snæfellsnes
Hítarvatn
Snæfelljöskul
1446
Búðir
54
Búðahraum
Arnarstapi
Langavatn
54
Varmaland
Mýrar
1
Vera
Borgarnes
Hvanneyri
Hjorsey
N
0
30 km
FAXAFLOI
1 041 m
1
AKRANES
1

Le Nord-Ouest

HOFSÓS ★★

Ce minuscule et pittoresque village de 190 habitants, situé sur la rive est du Skagafjörður, mérite une halte pour visiter l'intéressant musée de l'émigration et se baigner dans sa merveilleuse piscine.

CENTRE ISLANDAIS DE L'ÉMIGRATION ★★

✆ +354 453 7935
www.hofsos.is
hofsos@hofsos.is

Ce beau musée est aménagé dans trois édifices sur le port. A la fin du XIXe siècle, plus de 16 000 Islandais (1/5 de la population) ont émigré dans le Nouveau Monde. Ils furent notamment poussés à l'exil par l'éruption de l'Askja de 1875, qui rendit l'air toxique et appauvrit les sols. A voir aussi, dans l'ancien entrepôt de Hofsós qui fut construit en 1777 avec du bois importé du Danemark, une exposition sur les chasseurs et les pêcheurs de l'île de Drangey.

HÓLAR ★

Jón Arason, le dernier évêque catholique de Hólar (un village de 100 habitants aujourd'hui) fut décapité avec ses deux fils en 1550. Il mourut, aussi héroïquement que les grands personnages des sagas, en digne défenseur de l'honneur bafoué de son peuple.

CATHÉDRALE ★

Le monument le plus intéressant et reconnaissable du village ! Impossible de manquer la cathédrale qui se dresse dans la ville. Le village était en effet le siège de l'évêché de 1106 à 1801 et par conséquent un centre économique, universitaire (l'université a fermé en 1882) et administratif important. Cela explique la présence de cette grande et belle cathédrale dans un hameau aussi petit. La première église a été construite à cet emplacement en 1050. Cependant, l'édifice actuel, en grès rouge, a été construit entre 1750 et 1763.

Port d'Hofsós.

La ferme pittoresque de Glaumbær.

GLAUMBÆR ★★

Des vestiges à Viðviellir et Blönduhlid marquent le site où eut lieu la plus grande bataille de l'histoire du pays, le 21 août 1238. Près de 34 000 personnes de trois clans différents s'affrontèrent ici. La bataille d'Örlygsstaðir marque le déclin de la famille des Sturlungar, dont le membre le plus illustre n'était autre que le célèbre Snorri Sturluson.

Au niveau du pays, ces luttes fratricides résultèrent en une anarchie complète, suivie de la perte de l'indépendance. L'Islande dut se soumettre d'abord au roi de Norvège en 1262, puis au roi de Danemark.

FERME ÉCOMUSÉE GLAUMBÆR ★★

✆ +354 453 6173
www.glaumbaer.is
byggdasafn@skagafjordur.is
A 7 km au nord de Var mahlíð, sur la route 75.

Un écomusée pittoresque présentant l'habitat traditionnel islandais dans cette ancienne ferme de tourbe avec son église, sur un site qui a été habité depuis le début de la colonisation. La plus ancienne partie de la ferme de tourbe actuelle (qui a été habitée jusqu'en 1947) remonte au XVIIIe siècle. Le café Áskaffi est situé dans une maison en bois, plus récente, de 1886. Cette maison était sise à Ási í Hegranesi et fut remontée ici. Gilsstofa est encore une autre maison en bois qui a été déplacée et remontée en 1997 au musée de Glaumbær.

VARMAHLIÐ

Varmahlíð, le « versant chaud », doit son nom à ses sources chaudes mais aussi au fait que le versant soit tourné vers le sud, de par l'ensoleillement, le climat de l'endroit semble plus chaud qu'ailleurs. Le site est particulièrement beau : montagnes sombres, terre verte d'herbe parsemée de lacs et parcourue de rivières.

VATNSDALSHÓLAR ⭐

Voici un phénomène qu'on ne voit pas souvent : des collines par dizaine ! Dans cette vallée située située à proximité de la route 1, vous pourrez admirer un amas de collines d'aspect particulier s'étendant à travers la vallée de Vatnsdalur. Elles ont probablement été formées par un glissement de terrain gigantesque sur les flancs du mont Víðidalsfjall.
Les trois tertres au nord de la route, appelés Thrístapar, forment le site où eurent lieu les dernières exécutions capitales d'Islande. L'endroit est à voir et signalé par un mémorial.

LES FJORDS DE L'OUEST

Les fjords de l'ouest forment une grande péninsule extrêmement découpée, située dans la proximité immédiate du « gigantesque Frigidaire » qu'est le Groenland. Complètement isolée du reste de l'Islande, la « main », comme on l'appelle parfois, surgit littéralement dans l'océan Arctique pour mieux accrocher les glaces flottantes venant du Groenland. Il y a même eu des cas où ces icebergs – dérivant au large des fjords de l'ouest – ont amené des ours blancs. La péninsule est reliée au reste de l'Islande par une mince bande de terre : moins de 20 km de largeur. Sur le plan géologique, les fjords de l'ouest forment la partie la plus ancienne de l'île ; toute activité volcanique en a disparu. La côte n'est qu'une longue succession de fjords profonds, séparés par des caps montagneux. De petits hameaux de pêche isolés se tassent parfois à proximité. La raideur des pentes, combinée à la rigueur du climat, explique la rareté de la végétation sur cette côte inhospitalière, mais nulle part ailleurs en Islande les paysages sont aussi majestueux.

HÓLMAVÍK ⭐⭐

Petit village de pêcheurs de 380 habitants avec un panorama sur les alentours superbe qui donne déjà l'eau à la bouche pour la suite du voyage. On peut aussi y visiter en été un musée de la sorcellerie au XVIe-XVIIe siècles, source de fascination et de répression violente.

MUSÉE DES SORCIERS ET DE LA SORCELLERIE ⭐

Höfðagata 8
✆ +354 897 6525
www.galdrasyning.is
galdrasyning@holmavik.is
Sur deux étages ce petit musée reprend des événements marquants de cas de sorcellerie s'étant produits en Islande. Les fjords de l'Ouest sont la zone où la sorcellerie a été la plus active et la plus réprimée du pays et où de nombreuses personnes ont été considérées comme étant des sorciers et punies en conséquence.
De manière ludique et pédagogique le petit livret (disponible en français) retrace les anecdotes les plus originales et marquantes, dont certaines avec des fins violentes.

DRANGSNES ⭐

Dans ce petit village d'un peu plus de 60 âmes, on vit avant tout de la pêche. Il faut y voir le rocher Kerling, qui selon les

© ROBIN RUNCK – SHUTTERSTOCK.COM

Drangsnes.

légendes serait un troll (féminin) pétrifié alors qu'il essayait de séparer la région des fjords du reste de l'île.

DJÚPAVÍK ★

Djúpavík, la « baie profonde », où Halldór Laxness a situé un de ses romans, est un ancien centre de pêche aux harengs en grande partie abandonné sur le fjord de Reykjarfjörður. Gjögur est un autre centre de pêche légendaire, à l'entrée du fjord Reykjarfjörður, jadis réputé pour ses pêcheurs héroïques qui chassaient le requin de Groenland dans de petits bateaux ouverts.

HORNSTRANDIR ★★★

Le cap de Hornbjarg est une des plus belles réserves naturelles d'Islande. Très découpé, il constitue l'extrémité septentrionale des fjords de l'ouest. Les montagnes y semblent plus grandioses qu'ailleurs.

Jadis, Hornstrandir et Jökullfirðir étaient habités, mais ces deux hameaux ne sont accessibles qu'en bateau ou à pied. Toute cette région, extrêmement sauvage, est inhabitée depuis les années 1950. Les vertigineuses falaises sont colonisées, non plus par l'homme, mais par des milliers d'oiseaux marins.

CAP DE HORNBJARG ★★★

Le cap de Hornbjarg est le plus majestueux des promontoires de la péninsule. Totalement inhabité, Hornbjarg constitue un monde à part, une terre à l'écart qui semble être oubliée des hommes et des dieux. La calotte glaciaire du Drangajökull, qui barre l'accès terrestre, s'étire en des langues de glace vives comme pour mieux marquer la sauvagerie et la beauté des lieux. Hornstrandir est une réserve naturelle qu'aucune route ne sillonne. Le va-et-vient n'est plus assuré que par des oiseaux marins, qui se disputent dans l'odeur forte de l'océan omniprésent.

ÍSAFJÖRÐUR

Le cœur des fjords de l'ouest est dé-chiré par l'Ísafjarðardjúp, une langue de mer de 80 km dont la côte sud est découpée en de nombreux petits fjords. Le plus occidental est le Skutulsfjörður, dominé par des sommets escarpés. Ce décor majestueux abrite la ville d'Ísafjörður, petite capitale régionale, qui s'étend sur une presqu'île sablonneuse. C'est le centre économique, culturel et administratif de la péninsule du nord-ouest. Depuis le milieu du XVIe siècle, c'est le comptoir le plus fréquenté des fjords de l'ouest pour la pêche. Aujourd'hui s'ajoute à cela le développement d'équipements de haute technologie destinés à la navigation. La petite ville est pleine de charme. Elle est décidément tournée vers la mer, puisqu'une digue – sur laquelle est construit le centre-ville et qui obstrue le fond du fjord – sépare le bassin dans lequel les gros bateaux usines attendent les chargements de la haute mer. Les maisons sont soignées, repeintes tous les ans et contrastent avec une drôle d'église, fruit d'un concours d'art moderne. Drôle d'endroit.

CENTRE D'ÉDUCATION DU RENARD ARCTIQUE

✆ +354 456 492 – www.melrakki.is
melrakki@melrakki.is

A Sudavik, à 17 km à l'est de Isafjördur. Ouvert en 2010, ce musée est la face éducative d'un centre de recherches sur le renard arctique qui peuple les contrées sauvages d'Islande. La visite guidée vous donnera toutes les informations sur ce petit mammifère difficile à observer dans la nature. Avec pas mal de chance, vous pourrez en croiser lors d'une balade ! Le centre héberge deux adorables renards dans un enclos, recueillis à la mort de leurs parents, tués par des chasseurs de la région. Visite qui vaut le coup d'œil.

MUSÉE FJORDS DE L'OUEST (BYGGÐASAFN VESTFJARÐA)

Neðstikaupstaður
✆ +354 456 3291 – www.nedsti.is
byggdasafn@isafjordur.is

La ville d'Isafjörður dépend toujours de la pêche.

C'est l'un des plus riches et des plus pittoresques musées d'Islande. Dans cet ancien atelier bâti en 1784, de nombreux objets et photographies y témoignent de l'évolution de la pêche dans le pays. On comprend ici à quel point un pays peut être lié à une activité avec tous les avantages et inconvénients que cela comporte. Et l'on imagine un peu mieux la difficulté de la vie et du travail en mer sous ces latitudes. Juste à côté également, un point d'information.

PORT ★★

Le port de cette ville qui doit tant à la pêche fait rêver tous ceux qui ont un peu la fibre marine. On y voit des bateaux : de gros chalutiers prêts à aller affronter la mer du Groenland et ses icebergs, des petites coques de noix, des barcasses de pêcheurs sans prétention ; il y a aussi de petits bijoux tout en bois amoureusement entretenus par leurs propriétaires. Partout l'on aperçoit des mouettes et des goélands. La ville semble jeune, plus encore que d'autres villes du pays, et l'on se demande où sont passés les anciens...

VIGUR ★

Æðey et Vigur sont les seules îles du fjord avec une présence humaine. Ces îles abondent d'oiseaux marins. Vigur est une petite île habitée par une seule famille vivant d'une manière traditionnelle et entièrement dépendante de la mer. Cette île verte est réputée pour ses grandes colonies de macareux moine et d'eiders dont on collecte le duvet. Des excursions sur Vigur sont proposées, durant l'été, par West Tours (comptez 3 heures et 11 000 Kr par personne). N'hésitez pas, en outre, à vous renseigner auprès de l'office de tourisme d'Isafjörður.

FLATEYRI ★

Menacé par les avalanches printanières, ce petit village de 290 habitants est aujourd'hui protégé par un ouvrage impressionnant après un tragique accident survenu en 1995 qui tua 20 personnes.
Flateyri est une étape agréable, située dans un beau site qu'admiraient les baleiniers norvégiens postés ici jusqu'en 1901. Vous verrez les restes de leur base.

ÞINGEYRI ★

La route 60 contourne le fjord de Dyrafjörður avant d'arriver à Þingeyri, un village d'environ 300 habitants, situé dans un très beau cadre sauvage. Þingeyri était l'un des premiers comptoirs dans les fjords de l'ouest avant de devenir un centre de chasse à la baleine pour de nombreux pêcheurs européens.

MUSÉE JÓN SIGURÐSON ★

Hrafnseyri
✆ +354 456 8260
www.hrafnseyri.is
hrafnseyri@hrafnseyri.is

Hrafnseyri n'est guère plus qu'une ferme dans le fjord d'Arnarfjörður, d'où vient le nom du chef de clan, Hrafn Sveinbjarnarson, qui y vivait au XIIe siècle. C'était aussi le lieu de naissance du leader du mouvement indépendantiste, Jòn Sigurðson (17 juin 1811). Une église et un musée ont été érigés en 1979 pour célébrer le centenaire de sa mort. Ce musée comprend une collection de photos. Il est aussi possible de s'y arrêter pour une pause goûter dans le café attenant, avec de délicieux gâteaux faits maison, la pause parfaite !

LA ROUTE DU SUD

PATREKSFJÖRÐUR ★

Véritable petite capitale de la région avec ses quelque 620 habitants, Patreksfjörður profite d'un magnifique port naturel, formé par deux langues de sable. Le nom du village fait référence au saint patron irlandais, Patrick.

MUSÉE EGILL ÓLAFSSON ★

Hnjóti
✆ +354 456 1511
www.hnjotur.is
museum@hnjotur.is
A 35 km au sud de Patreksfjörður, sur la route 612.

Dans ce musée, vous pourrez apprécier une collection d'objets rassemblés par le propriétaire, Egill Olafsson. Qu'il s'agisse de matériel de pêche, d'agriculture ou d'autres types d'objets, ce musée sur la région et le mode de vie des fermiers et pêcheurs jadis vous permet de mieux comprendre l'histoire locale. Une partie est par ailleurs réservée aux Français qui venaient pêcher sous ces latitudes au climat hostile. Pour prendre une pause, il y a également une cafétéria sur place, ainsi qu'un point d'information touristique.

LÁTRABJARG ★★★

Les immenses falaises de Látrabjarg, véritable forteresse naturelle de pierre de 14 km de longueur (et jusqu'à 444 m de hauteur), sont les plus grandes de tout l'Atlantique Nord. Elles s'étirent jusqu'au cap de Bjargtangar, point le plus occidental d'Islande et, en conséquence, d'Europe. Cette muraille rocheuse est le royaume d'innombrables oiseaux de mer. La colonie de macareux moines est la plus importante du monde. Le tableau est extraordinaire, vu des plages de sable doré de Rauðasandur, quelques kilomètres plus à l'est. Camping sauvage possible.

BREIDAFJORDUR ★

L'embarcadère à Brjánslækur se trouve à l'entrée du Vatnsfjörður et à 6 km de Flókalundur. Brjánslækur est le nom d'un ancien manoir dont il ne reste plus grand-chose à part l'église qui dresse sa flèche vers les falaises de Surtarbrandsgil. A Brjánslækur, il y a une cafétéria (Flakkarinn) au sein de laquelle s'achètent les tickets pour le ferry.

RÉSERVE NATURELLE DU VATNSFJÖRÐUR ★

On peut parcourir la réserve naturelle de Vatnsfjörður, établie en 1975, grâce à des chemins tracés, est riche en avifaune et constitue une zone de nidification importante. Ce fut à Vatnsfjörður que Flóki, le « corbeau » (personnage important des sagas islandaises), passa l'hiver 865, quelques années avant que le pays ne fût colonisé par ses compatriotes vikings. Les vestiges de la ferme de Flóki Vilgerðarson constituent les traces d'habitation les plus anciennes d'Islande.

L'OUEST

Ici, la mer et la montagne sont très proches l'une de l'autre. Tournée vers la côte, cette région, peu volcanique, possède aussi quelques glaciers. Elle abrite certaines des meilleures rivières à saumons de l'île, bien connues des pêcheurs, et un très grand nombre d'oiseaux de mer. C'est à partir de ces territoires que le commerce entre l'Islande et le reste du continent européen s'est d'abord effectué.

LES TERRES DES PREMIÈRES SAGAS

Riche d'un passé historique marqué par les débuts de la colonisation de l'île, elle fut le cadre de nombreux événements largement relatés dans quelques-unes des plus célèbres sagas : la *Saga d'Egill*, fils de Grím le Chauve, la *Saga des gens du Val-au-Saumon*, la *Saga de Snorri le Godi*, la *Saga de Gísli Sursson*, la *Saga des frères jurés*. Erik le Rouge y a vécu. Le thème de la saga fleuve des *Gens du Val-au-Saumon* s'articule autour d'un triangle (un genre de Dallas médiéval) comprenant Gudrun Ósvífursdóttir, la « femme la plus belle d'Islande », Kjartan, le fils d'Ólafur le Paon, et Bolli Þorleiksson, demi-frère de ce dernier. Cette tragédie à rebondissements, teintée d'intrigues amoureuses, est l'un des chefs-d'œuvre de la littérature médiévale européenne. L'écriture est si « féministe » que beaucoup pensent que cette saga n'a pu être écrite que par une main de femme.
Nombre de sites naturels, cités dans la saga, sont restés exactement tels qu'ils furent décrits il y a mille ans. Snorri Sturluson, l'un des plus grands auteurs de sagas, est né dans l'ancienne ferme de Hvammur, propriété d'un des plus grands clans, les Sturlungar, qui joua un rôle important au XIIIe siècle dans la guerre civile en Islande. C'est aussi de cette région que partirent les expéditions des Vikings vers l'Ouest. Les explorateurs abordèrent d'abord le Groenland, avant de découvrir les rives de l'Amérique du Nord.

STADARSKALI

Staðarskáli était l'endroit d'où partait la ligne de bus vers les fjords du nord-ouest ; désormais le changement se fait à Borgarnes. C'était l'unique raison pour laquelle certains s'arrêtaient ici. Sinon, il n'y a pas grand-chose…
C'est ici que fut édifiée, en 1929, une station-service pour faciliter le trajet entre Reykjavik et Akureyri. Depuis, le lieu est un arrêt pratique pour de nombreux Islandais et étrangers de passage. Le lieu est toujours géré par la même famille et s'est développé, proposant notamment un petit restaurant. A une quinzaine de kilomètres plus au nord, le lieu-dit Sæberg, 30 habitants, comprend une école, une auberge de jeunesse et un camping. Pas de commerce en revanche. Ici, le Hrútafjörður, l'un des fjords les plus profonds d'Islande, sépare la région des Fjords de l'Ouest du reste du pays.

Laugar.

MUSÉE DE REYKIR ⭐
Sæberg
✆ +354 451 0040
www.reykjasafn.is
reykjasafn@hunathing.is
Au musée régional de Reykir, on peut voir des chaussures en peau de poisson, une belle collection de cannes et tabatières, des cravaches à manche argentin, des mors, d'anciennes selles d'amazones… et surtout un ancien bateau de pêche au requin datant de 1875. Le tout donne des infos sur la pêche aux requins, sur la vie rurale… Petit, certes, mais vraiment passionnant et bien fait. Une vraie pause dans l'Islande d'avant, plus locale et traditionnelle. Ce petit musée est situé aux abords de la route 1, entre Hvammstangi et Staðarskáli.

BÚÐARDALUR

Búðardalur est un village de 250 habitants situé non loin de l'embouchure de la Laxá. Il dispose d'une banque, d'un supermarché, de pompes à essence, d'un bureau de poste…

LAUGAR ⭐
Au nord de Búðardalur, le site de Laugar est le point de départ de sentiers permettant des randonnées de 35 minutes à 3 heures environ. Vous pourrez notamment, lors de votre balade, découvrir la ravine de Hvergil, des parois de laquelle suinte et coule une eau à 60 °C. Cette dernière alimente une vasque aménagée (Gudrúnarslaug) près de laquelle a été érigé un charmant « vestiaire » traditionnel en pierre, bois ouvragé et herbe. Outre le bassin d'eau chaude naturelle gratuit, Laugar accueille une piscine : ce fut la première d'Islande à être couverte, en 1932.

EIRIKSSTADIR ⭐

A proximité de Stóra-Vatnshorn se trouve un haut lieu historique, puisque c'est ici que le fameux Eiríkur Rauði (Erik le Rouge) avait construit sa ferme au Xe siècle.

L'Ouest

Bolungarvík
Önundarfjörður
ISAFJÖRÐUR
Isafjördur
Isafjardhardjup
DRANGAJÖKULL
Flateyri
Þingeyri
968 m.
860 m.
Arnarfjörður
Djúpavik
Staður
Hólmavík
Drangsnes
Patreksfjörður
Gilsfjörður
Hrútafjörður
Île de Flatey
BREIDHAFJÖRÐUR
Eiriksstadir
Stadarskali
Stykkishólmur
Hrammsfjörður
Búðardalur
ellissandur
Kirkjufell
Ólafsvík
Skarðsvík
Grundarfjörður
dverðarnes
Parc national de Snæfellsjökull
1052 m.
xhöll
1448 m.
Buðir
Hellnar
Anarstapi
ıpalons
andur
Lóndrangar
Bifröst
Langavatn
vers Húsafell
Hafursfjörður
Borgarnes
FAXAFLÓI
0
15 km
30 km
1095 m.
Akranes
Hvalfjörður
Þingvellir
REYKJAVIK
Þingvallavatn
Hafnarfjörður
Keflavík

BIFRÖST

Bifröst, l'« arc-en-ciel », est un lieu-dit connu pour son champ de lave moussu, pour le Grábrók, dont les bords du cratère offrent de jolies vues sur les environs, et pour son université privée dont le campus accueille plusieurs centaines d'étudiants...

GLANNI ★

Vous êtes nombreux à le savoir, l'Islande est le pays des cascades, et Glanni est l'une de ses nombreuses chutes d'eau. Située à à 1 km au sud de Bifröst, Glanni est une pittoresque chute localisée sur la saumoneuse rivière Norðurá et bordée de roches basaltiques. Pour accéder à cette petite merveille, vous devrez vous garer au parking du golf et ensuite marcher, en vous laissant guider par les remous des eaux pour retrouver la cascade. Encore peu connu, cet endroit hors des sentiers battus est peu fréquenté et vous réserve de belles surprises.

GRÁBRÓK ★★

Non loin du hameau de Bifröst s'élève le Grábrók. Ce curieux volcan est coiffé d'un cratère vieux de 3 000 ans. Son ascension est aisée ; de son sommet, peu élevé, vous dominez le campus de Bifröst, le Hreðavatn, la Norðurá et un champ de lave plurimillénaire, le Grábrókarhaun, formé lors d'une éruption fissurale durant laquelle prit également forme le cône du Grábrók. Zone protégée depuis 1962, l'endroit est particulièrement enchanteur aux beaux jours lorsque les champs de lupins tapissent le sol de nuances de violet à perte de vue.

LA PÉNINSULE DE SNÆFELLSNES

La péninsule de Snæfellsnes, qui est visible de Reykjavík par beau temps, se termine au bout par un imposant volcan endormi, couronné d'un mystérieux glacier immaculé, le célèbre Snæfellsjökull aussi appelé le « Fujiyama

Le port de Stykkisholmur.

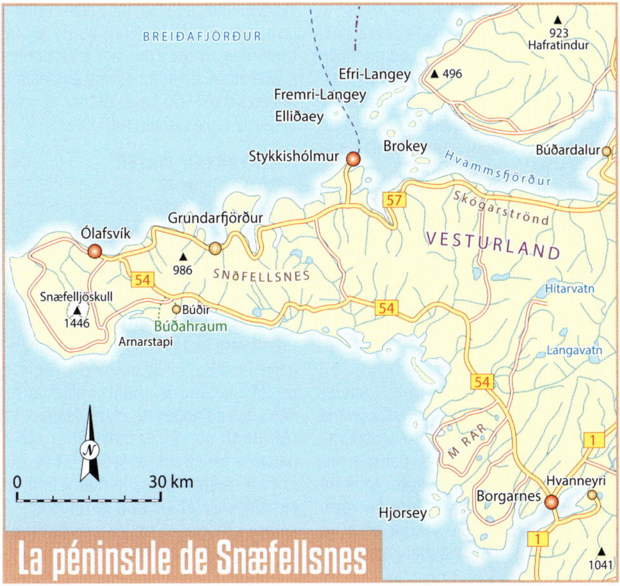

La péninsule de Snæfellsnes

boréal ». Le Snæfellsjökull est l'un des sommets mythiques de notre planète. Jules Verne y situe la porte d'entrée de son célèbre *Voyage au centre de la Terre*, tandis que les Tibétains le désignent comme l'un des centres vitaux du monde. Les champs de lave, au pied du glacier, témoignent de l'intense activité volcanique. La vue, de là-haut, est spectaculaire. La péninsule est en grande partie composée de paysages côtiers peuplés de colonies d'oiseaux, sauf la rangée de montagnes déchiquetées qui la traverse tout en long. Une partie de la rive sud de la péninsule est composée de sable et de baies, mais des falaises commencent à s'élever vers Búðir pour continuer jusqu'au bout de la péninsule à Hellissandur où la lave s'est précipitée dans la mer. Au large de la péninsule de Snæfellsnes, les tempêtes sont terribles, et les naufrages ont depuis tout temps été nombreux.

STYKKISHÓLMUR ★★

Cette petite ville a pour activité principale la pêche, encore que la ville. Hvammsfjörður, à l'entrée duquel Stykkishólmur est située, est encombré de tout un labyrinthe d'îles et d'îlots. C'est ici qu'Erik le Rouge, banni d'Islande, avait caché ses bateaux pour préparer son expédition vers le Groenland.

Cette myriade d'îles est aujourd'hui le domaine des pygargues à queue blanche, un géant parmi les aigles. Les phoques se prélassent au soleil sur les innombrables récifs. L'île de Purkey comporte des colonnes basaltiques inhabituelles. Helgafell, le « mont saint », domine la localité du haut de ses 73 m, et la vue, du sommet, mérite l'ascension. Quelques belles maisons en bois colorent le centre-ville. L'église est impressionnante, illuminée comme un ferry sur le point de partir. La vue sur la baie est d'ici superbe. Passez à la piscine !

ÉGLISE ★★

L'église de Stykkishólmur ou Stykkishólmskirkja n'a rien à envier aux plus belles églises du pays, comme la célèbre Hallgrímskirkja. Très moderne et surprenante, elle a été pensée par l'architecte Jón Haraldsson. Vous ne pourrez pas la manquer lors de votre visite de la ville ! Elle arbore en effet des lignes futuristes audacieuses qui évoquent un paquebot (ou selon certains un squelette de baleine) vu de profil. L'intérieur, avec sa myriade d'ampoules suspendues au plafond, vaut également le coup d'œil. Un beau détour si vous aimez le style un peu futuriste.

LIBRARY OF WATER ★

Bókhlöðustígur 19
✆ +354 865 4516
vatnasafn@gmail.com

Il n'y a qu'en Islande qu'on peut admirer une « bibliothèque d'eau » ! C'est dans une ancienne librairie que vous pourrez découvrir cette exposition atypique. Dans cette installation, l'artiste américaine Roni Horn a laissé fondre la glace de 24 glaciers islandais millénaires dans des colonnes de verre, lesquelles reflètent et réfractent la lumière naturelle pénétrant par la baie vitrée, qui fait elle-même face à la mer. L'endroit est singulier et incite à la réflexion. à l'étage inférieur, on trouve une résidence annuelle pour écrivains.

MUSÉE NORSKA HUSIÐ ★

Hafnargata 5
✆ +354 433 8114
www.norskahusid.is
info@norskahusid.is
Cette charmante « maison norvégienne » en bois, construite en 1832, sert aujourd'hui de musée régional. On y trouve des expositions historiques et artistiques très intéressantes, et on se plaît à s'imaginer le quotidien de la famille qui habitait autrefois ici. Tout a été savamment disposé pour sembler comme laissé en l'état, comme si la famille habitant ici venait tout juste de s'absenter. Plutôt déconseillé pour les enfants, qui peuvent être frustrés car les objets sont fragiles. Présence aussi d'une boutique d'artisanat pour faire des achats uniques.

VOLCANO MUSEUM ★

Aðalgata 8 ✆ +354 433 8154
www.eldfjallasafn.is
safn@eldfjallasafn.is
Ce musée, ouvert en 2012 à l'initiative du volcanologue Haraldur Sigurðsson, fait la part belle aux œuvres d'art dépeignant les volcans et leurs furieuses éruptions, que ce soit en Islande ou ailleurs dans le monde (Indonésie, Italie...). Les adeptes de volcans apprécieront de découvrir une collection de roches du lave du monde. On retrouve également la projection d'un film de National Geographic. Il s'agit davantage ici d'une collection d'art que d'un musée, et le prix reste assez important. Abstenez-vous si l'art n'est pas votre tasse de thé !

GRUNDARFJÖRÐUR ★

Grundarfjörður est un petit village de pêche entouré par les impressionnantes

© STÉPHAN SZEREMETA

Grundarfjordur.

Helgrindur, les « crêtes d'enfer » dont les sommets avoisinent les 900 m au-dessus du niveau de la mer. De l'autre côté de la baie du port se détache majestueusement le mont Kirkjufell, « l'église ». Au départ, les habitations étaient groupées à Grun-darkambin, près de la ferme de Grund et du quai Kvíabryggja, où l'accostage était le plus facile. Au début du XIXe siècle, un certain nombre de Français s'établirent à Grundarfjörður qui, à l'époque, était un comptoir commercial. Outre leur port de pêche, ils construisirent aussi une église et un hôpital. Quand ils quittèrent l'endroit en 1860, les Français prirent absolument tout avec eux, allant jusqu'à déterrer leurs morts dans le cimetière. Les Islandais disent que Grundarfjörður est le seul village à avoir été complètement déplacé, et ce, de fond en comble ! Aujourd'hui, Grundarfjörður est jumelé avec la ville bretonne de Paimpol.

KIRKJUFELL ★★

Présente dans une série très célèbre parlant de jeux et de trônes, le Kirkjufell est aussi très populaire parmi les photographes amateurs. Il faut dire que le cadre est verdoyant, et que la montagne est atypique, avec sa forme conique. Située sur la rive occidentale du Grundarfjörður, il vous faudra traverser la route pour accéder au point de vue le plus apprécié sur Kirkjufell, celui depuis sa cascade voisine. Magnifiques, les paysages à admirer sont nombreux, et il est amusant de voir comment la montagne change au gré des saisons.

ÓLAFSVÍK ★

La petite « ville sous le glacier » est historiquement très ancienne, puisque dès le XVIIe siècle elle fut un important centre d'échanges commerciaux avec l'Europe continentale et les îles Britanniques. L'église, à l'architecture moderne (1967), a été bâtie sur une petite butte où s'était installé Ólafr Belgur, le premier colon du district. Au musée maritime (Norðustangi) sur le port, on retrace l'histoire de la marine islandaise et on s'intéresse au monde de l'océan qui entoure l'Islande. Enfin, la très longue plage de sable gris qui précède le village (en venant de l'est) permet de se promener en prenant le vent et en embrassant le paysage alentour.

HELLISSANDUR

Un peu après Hellissandur apparaît une immense antenne métallique, l'un des édifices les plus hauts du monde. Le vent fait fortement bouger son sommet. Pour la peindre, en rouge et blanc, on a fait appel à des Indiens des Etats-Unis, nettoyeurs des vitres des gratte-ciel et peu sujets au vertige. Mais, arrivés au milieu, ils ont refusé de continuer, en disant que c'était trop dangereux. C'est finalement une jeune fille de 18 ans, vivant à Hellissandur, qui a terminé l'ouvrage, gagnant ainsi suffisamment d'argent pour ne plus avoir besoin de travailler !

Eglise à l'architecture contemporaine à Olafsvik.

▶ **En filant vers le sud, le Snæfellsjökul se rapproche.** L'asphalte longe le petit cratère de Saxhöll, de forme « parfaite » (digne d'un dessin d'enfant). Il est possible de gravir ses pentes pour admirer le paysage alentour.

▶ **Plus loin, ne manquez pas la formidable plage de Djúpalónssandur,** bien indiquée sur la droite. En continuant toujours vers le sud, apparaît la cathédrale de pierre de Lóndrangar, plantée sur une côte désormais basse.

PARC NATIONAL DE SNÆFELLSJÖKULL

Le parc national couvre la pointe de la péninsule et entoure le Snæfellsjökull, le « glacier de la montagne de neige ». Ce glacier, qui recouvre un strato-volcan aujourd'hui éteint, a donné son nom au parc et à la péninsule. Le Snæfellsjökull passe pour être le plus beau glacier d'Islande ; par temps clair, son sommet qui atteint 1 448 m est visible de Reykjavik. La surface du glacier, qui n'est plus que de 11 km², ne cesse de décroître depuis la fin du XVIIIe siècle, début de la phase de réchauffement du globe. De nombreuses randonnées sont possibles dans le parc offrant des paysages variés.

HELLNAR ★

Tout comme Arnarstapi, ce petit village est situé dans un étrange paysage de lave réputé pour cacher des habitations d'elfes et, sur le trait de côte, pléthore de mouettes tridactyles.

ARNARSTAPI ★

Depuis le café Fjöruhúsið un chemin de 2,5 km longe la mer et rejoint Arnarstapi.

Búðir.

L'occasion de voir les oiseaux nichés dans la roche et de se laisser envoûter par la puissance impressionnante des vagues qui viennent s'écraser contre les roches de lave noires.

BUDIR ★

A Búðir, une petite église (et un cimetière où tout le monde « rêverait » d'être enterré) de planches noires se dresse dans les champs de lave. Ces champs de lave viennent du cratère Búðaklettur situé au centre de la péninsule. Le lieu est enchanteur. Les rochers noirs surgissent entre les dunes de sable blond. La tête lisse d'un phoque sort des eaux sombres. Et au loin, à l'est, apparaît la longue plage de Búdavík. Après Búðir, la côte sud forme une longue grève de sable roux où barbotent des canards sauvages. A cet endroit, la côte est étroite, coincée entre la mer et les montagnes enneigées d'où dévalent des torrents.

BORGARNES ET SES ENVIRONS

BORGARNES ★

Borgarnes est l'une des rares villes de la côte à ne pas dépendre de la pêche pour sa subsistance. L'agglomération est entièrement tournée vers le commerce et l'industrie.

Table d'orientation. Elle se trouve à la sortie de la ville et offre une vue, vers l'est, sur les glaciers Ok et Eíriksjökull qui se dressent au-dessus de la plaine. Dans l'immense baie de Faxaflói, très ouverte vers le large, les tempêtes sont terribles.

MUSÉE DE BORGARFJÖRÐUR ★

Bjarnarbraut 4-6
✆ +354 433 7200
www.safnahus.is
safnahus@safnahus.is

Une petite collection avec des objets variés sur le folklore de la région, l'art, l'histoire naturelle... Les deux expositions permanentes sont consacrées aux oiseaux et aux enfants islandais du siècle dernier avec une très belle scénographie et de nombreuses photographies. Les légendes sont écrites en anglais et en islandais, mais vous pouvez demander des explications aux propriétaires toujours prêts à vous raconter de nombreuses histoires. Sur place, retrouvez également une bibliothèque, et une salle des archives. Un bel endroit.

THE SETTLEMENT CENTRE (LANDNÁMSSETUR ÍSLANDS) ★★

Brákarbraut 13-15
✆ +354 437 1600
www.landnam.is
landnam@landnam.is

Le bâtiment, l'un des plus anciens de la cité, est localisé au bout de la péninsule. Prévoyez 2h pour profiter des deux expositions. La première exposition multimédia permet de découvrir qui étaient les premiers habitants de l'île. Une seconde est dédiée à la saga d'Egill, l'une des plus grandes sagas islandaises. Les audioguides sont disponibles en français. On trouve également un restaurant très correct malgré un service parfois expéditif et une boutique d'artisanat.

REYKHOLT ★★

Derrière ce nom fort commun dans la toponymie islandaise, vous découvrirez une vallée glaciaire de l'arrière-pays du Borgarfjörður et l'ancienne ferme du célèbre Snorri Sturluson, homme politique et scalde du XIIIe siècle, auteur de l'*Edda prosaïque*, de l'*Heimskringla* et de certaines des sagas islandaises. Aujourd'hui, Reykholt n'est guère plus qu'un petit village dans un beau paysage géothermal. Snorralaug (le bain de Snorri) est une petite piscine primitive datant de l'époque où le grand scalde vivait à Reykholt. Le bain est alimenté par un petit aqueduc qui amène l'eau de la Skrifla, une source chaude voisine. Devant l'école, une statue de Sturluson par le grand sculpteur norvégien, Gustav Vigeland. En 1947, la statue fut offerte aux Islandais par le peuple norvégien, en reconnaissance d'avoir compté l'homme qui écrivit l'*Heimskringla*, la grande saga des premiers rois de Norvège. Vous remarquerez aussi la curieuse église, très bien dessinée avec ses lignes toutes droites.

Reykholt.

SNORRASTOFA REYKHOLT ⭐

✆ +354 433 8000
https://snorrastofa.is/en/
snorrastofa@snorrastofa.is

Dans un complexe proche de l'église, vous retrouverez ici une exposition sur l'historien et écrivain de saga Snorri Sturluson. L'endroit abrite également le résultat des fouilles archéologiques effectué dans les environs et de nombreuses explications, très agréable quand on aime fouiller dans le passé. Vous trouverez aussi une boutique d'artisanat et une librairie bien fournie. Possibilité avec supplément de courtes visites guidées en anglais. L'église voisine sert de cadre à un festival de musique classique, tous les étés à la fin du mois de juillet.

HÚSAFELL ⭐⭐

Húsafell se trouve au nord de la piste 550 qui traverse Kaldidalur, la « vallée froide ». C'est une dépression désertique qui s'étend entre les glaciers Okjökull et Þórisjökull, au sud-ouest de la calotte glaciaire du Langjökull. La Kaldidalur était l'une des principales pistes de montagne empruntées à l'époque des sagas, et que les colons utilisaient pour se rendre au parlement de Þingvellir. Húsafell était jadis le diocèse du révérend Snorri Björnsson (1710-1803) qui figure dans de nombreux contes et légendes en raison de sa grande force physique et de ses dons d'exorciste. La légende raconte qu'il a aidé 81 fantômes à trouver la paix éternelle. Il est aussi censé avoir soulevé une grosse pierre de 180 kg, appelée « Kvíahella », que l'on peut toujours voir sur place. L'artiste contemporain Páll Guðmundsson, qui travaille la pierre naturelle locale, fait des expositions en plein air comme le Mémorial aux fantômes. A partir de Húsafell, il existe de nombreuses possibilités de randonnée. L'alpinisme glaciaire est également très pratiqué dans la région.

Chutes de Hraunfossar.

HRAUNFOSSAR ET BARNAFOSS ★★

Route 518

Il s'agit d'une cascade qui court sur environ 1 km où l'eau s'écoule sous un champ de lave pour ensuite se déverser sur la rivière Hvítá. D'où son nom Hraun (lave). Le contraste de la lave noire avec l'eau presque translucide est superbe. Juste au-dessus de Hraunfossar en suivant le sentier se trouve une autre chute d'eau plus puissante, Barnafoss, qui peut se comparer à une série de rapides. Son nom veut dire « la chute des enfants », en mémoire de deux enfants qui s'aventurèrent sur une arche naturelle et se noyèrent alors que leurs parents étaient à la messe de Noël. La mère décida de détruire cette arche pour que cet accident ne se renouvelle plus. Pour vous remettre de vos émotions, il existe un café-restaurant sur le site.

AKRANES

Akranes est située sur une petite péninsule en face de Reykjavik. C'est le plus grand port de pêche d'Islande. Non loin, l'unique usine de ciment de l'île fournit également un nombre d'emplois non négligeable. La ville peut s'enorgueillir de posséder l'un des clubs de football (le IA Akranes) le plus titré (18 fois champions) du pays – le seul à pouvoir rivaliser avec ceux de la capitale. Les premiers colons à Akranes étaient des Irlandais arrivés en Islande avant les Vikings, vers 880. Se promener sur la plage de Langisandur et regarder le ballet des chalutiers est ce qu'Akranes a de mieux à offrir.

Devant le musée, un monument en granit, avec une inscription en gaélique et en islandais, offert en 1974 par le peuple irlandais à la ville d'Akranes à l'occasion du 1 100e anniversaire de la colonisation de l'Islande. Cet ouvrage symbolique rappelle que ce site fut colonisé vers l'an 880 par deux frères irlandais, Þormóður et Ketill Breason, avant l'arrivée des colons vikings, comme le laisse à penser le *Landnámábók*, ou le *Livre de la colonisation*.

AKRANES FOLK MUSEUM ★

Garðaholt 3 ✆ +354 433 1150
www.museum.is

Cet ensemble de musées, situé à 1 km à l'est du centre-ville (à l'écart de Garðagrund), est devenu un vrai pôle culturel et touristique. On y trouvera aussi l'office du tourisme pour récupérer quelques informations. À voir le Steinaríki Íslands (musée des minéraux), une collection de minéraux islandais et des explications de phénomènes naturels avec une exposition sur les travaux du tunnel sous le Hvalfjörður. Mais aussi des expos sur le folklore local et national (pêche, costumes) ou encore sur le sport en Islande. Et un très agréable café…

PENSE FUTÉ

Baie de Stokksnes.

PENSE FUTÉ

Argent

- **Monnaie.** Couronne islandaise
- **Taux de change :** 1 € = 146 Kr, 100 Kr = 0,68 € (janvier 2022).
- **Coût de la vie.** Dans ce pays qui dépend fortement des importations, le coût de la vie est, de ce fait, particulièrement élevé. Il s'agit d'un des pays les plus riches au monde, qui dispose par conséquent de l'un des plus hauts niveaux de vie.
- **Moyens de paiement.** Les cartes de crédit sont en position de force face à la monnaie et aux Traveller's cheques.
- **Marchandage.** L'Islande n'est pas, loin de là, le royaume des amateurs de longues discussions autour d'un prix. On paye le prix affiché.
- **Pourboires.** Service et taxes sont invariablement inclus dans les prix. Il n'est donc ni d'usage ni nécessaire de verser un pourboire.

Bagages

L'Islande est un pays au climat changeant, mais qui connaît une constante : le vent. Il est donc judicieux d'emporter des vêtements de type Goretex qui présentent en plus l'avantage de vous protéger des ondées.

Électricité

220 volts et une fréquence de 50 Hz. Aucun problème de compatibilité.

L'Islande se visite facilement en camping-car.

Faire - Ne pas faire

- **Respectez la nature,** ne roulez pas hors des routes balisées en véhicule, restez sur les parcours fléchés des parcs nationaux pour ne pas détruire des espèces végétales ou animales déjà en voie de disparition.
- **Ne laissez pas l'envie irrésistible de balancer votre pied, contre les petits amoncellements de pierres** croisés lors de randonnées, vous envahir. Ces tas de pierres servent à indiquer la direction aux voyageurs et représentent un héritage de la culture islandaise.
- **Ne vous moquez pas des croyances locales.** En effet, une partie de la population croit à l'existence des trolls, elfes et autres créatures, à laquelle les plus cartésiens d'entre nous n'accordent aucune crédibilité.
- **Ne jugez pas le mode de vie des Islandais en regardant l'extérieur de leur maison.** L'apparence extérieure des habitats n'a pour beaucoup que peu d'intérêt. C'est au niveau de la décoration intérieure que les Islandais préfèrent exposer leur personnalité.
- **Suivez les conseils affichés ou donnés par les habitants.** La nature en Islande peut être très changeante. Avant de prendre le volant, les bulletins météo et les imprimés des conditions de route des offices de tourisme se révèlent fort utiles.
- **Dans les piscines,** il faut vous laver nu avant de mettre votre maillot et de pénétrer dans l'eau.

Formalités

Pour les séjours de moins de 3 mois, une pièce nationale d'identité ou un passeport suffisent pour se rendre en Islande.

Langues parlées

Outre l'islandais, les habitants du pays parlent, le plus souvent, couramment l'anglais. De fait, le touriste n'a aucun mal à se renseigner et à faire connaissance. Ceux qui parlent danois ou une autre langue scandinave se débrouilleront également facilement. La langue française, par sa difficulté, n'est que rarement connue de la population locale.

Quand partir ?

La haute saison touristique s'étend de juin à août. Attention, hors de cette période, les campings ferment pour la plupart, ainsi que beaucoup de pensions, les restaurants font relâche et le réseau des lignes de bus à travers le pays diminue considérablement.

Santé

Il n'y a aucune précaution particulière à prendre avant le départ. Aucun vaccin n'est nécessaire pour voyager en Islande.

Vérifiez toutefois que vos vaccins sont à jour.

Sécurité

Voyageur handicapé. Comme les autres pays nordiques, l'Islande est en avance sur bien d'autres États en ce qui concerne les infrastructures pour les personnes à mobilité réduite : accès aux avions, bus spéciaux, hôtels, musées et administrations. Néanmoins, le pays étant une destination de plein air par excellence, bien des aspects du tourisme islandais ne sont pas accessibles aux personnes handicapées notamment en fauteuil roulant.

Voyageur gay ou lesbien. Bien que les couples gays et lesbiens ne s'affichent pas aussi librement que dans les rues d'Amsterdam, Bruxelles ou San Francisco, les Islandais font preuve d'une grande tolérance vis-à-vis des homosexuels. Bien sûr, c'est à Reykjavik que la scène gay est la plus visible (ailleurs c'est le désert au sens propre comme figuré).

Voyager avec des enfants. L'Islande, qui comme tous les pays scandinaves se caractérise par un haut niveau d'infrastructures et d'organisation, se prête très bien aux voyages avec les enfants. Néanmoins, l'atout numéro 1 du pays étant ses formidables paysages, n'oubliez pas que les bambins ne seront peut-être pas autant sous le charme que vous, surtout s'il faut supporter de longues marches sur des pistes cabossées.

Femme seule. Voyager seule ne pose a priori aucun problème en Islande, l'un des pays les plus sûrs du monde. L'auto-stop comme les balades nocturnes en ville ne présentent pas de danger. Néanmoins, souvenez-vous que l'alcool peut troubler les esprits locaux, notamment le week-end.

Téléphone

Indicatif téléphonique : 354.

Téléphoner de France dans le pays : 00 + 354 + les 7 chiffres du numéro local.

Téléphoner en local : les 7 chiffres du numéro local.

Téléphoner du pays en France : 00 + 33 + indicatif régional sans le zéro + les 8 chiffres du numéro local.

INDEX

I

J - K

L

M

N - O

P - R

S - T

Þ - V

W - Z

EDITION

Directeurs de collection et auteurs : Dominique AUZIAS et Jean-Paul LABOURDETTE

Auteurs : Baptiste THARREAU, Antoine RICHARD, Vanessa BUHRIG, Jean-Paul LABOURDETTE, Dominique AUZIAS et alter

Directeur Editorial : Stéphan SZEREMETA

Rédaction Monde : Laure CHATAIGNON, Morgane VESLIN, Pierre-Yves SOUCHET, Natalia COLLIER

Rédaction France : Briséis CREAC'H-MENUT, Mélanie COTTARD, Audrey VEDOVOTTO, Nicolas WODARCZAK

FABRICATION

Maquette et Montage : Romain AUDREN, Julie BORDES, Delphine PAGANO

Iconographie et Cartographie : Anne DIOT, Julien DOUCET

WEB ET NUMERIQUE

Directeur Web : Louis GENEAU de LAMARLIERE

Développeurs : Guillaume BARBET, Adeline CAUX et Roland SPOUTIL

Intégrateur Web : Mickael LATTES, Antoine DION

Webdesigner : Caroline LAFFAITEUR

Community Traffic Manager : Alice BARBIER, Mariana BURLAMAQUI et Noémie LE SAUX

DIRECTION COMMERCIALE

Directeur commercial : Guillaume VORBURGER

Coordinatrice des Régies commerciales : Manon GUERIN assistée de Jonas HESOL

Account Manager Marketplace : Leila ROUGEOT assistée de Lola FAVRE-MOT

Responsable Régies locales : Michel GRANSEIGNE

Responsables Développement régie inter : Jean-Marc FARAGUET, Guillaume LABOUREUR et Camille ESMIEU

Chefs de Publicité Régie nationale : Caroline AUBRY, François BRIANCON-MARJOLLET, Perrine DE CARNE MARCEIN, Jonathan TOUTOUX, Amélie NOEL

DIFFUSION ET PROMOTION

Directrice des Ventes : Bénédicte MOULET assistée d'Aissatou DIOP

Responsable des ventes : Jean-Pierre GHEZ assisté de Nelly BRION

Relations Presse-Partenariats : Jean-Mary MARCHAL

ADMINISTRATION

Président : Jean-Paul LABOURDETTE

Directrice des Ressources Humaines : Dina BOURDEAU assistée de Sandra DOS REIS et Eva BAELEN

Directrice Administrative et Financière : Valérie DECOTTIGNIES

Comptabilité : Guillaume PETIT, Aminata BAGAYOKO, Jeannine DEMIRDJIAN

Recouvrement : Fabien BONNAN assisté de Sandra BRIJLALL

Responsable informatique : Elie NZUZI-LEBA

CARNET DE VOYAGE ISLANDE

LES NOUVELLES EDITIONS DE L'UNIVERSITE
18, rue des Volontaires - 75015 Paris.
✆ 01 53 69 70 00 - Fax 01 42 73 15 24
Internet : www.petitfute.com
SAS au capital de 1 000 000 € -
RC PARIS B 309 769 966
Couverture : Coucher de soleil sur la cascade de Svartifoss
© Lukas Gojda - stock.adobe.com
Impression : IMPRIMERIE CHIRAT - 42540 Saint-Just-la-Pendue
Achevé d'imprimer : mars 2022
Dépôt légal : 14/04/2022
ISBN : 9782305072418

Pour nous contacter par email, indiquez le nom de famille en minuscule suivi de @petitfute.com
Pour le courrier des lecteurs : info@petitfute.com

IMPRIMÉ EN FRANCE

PEFC 10-31-1895
Certifié PEFC
Ce produit est issu de forêts gérées durablement et de sources contrôlées.
pefc-france.org